引领经济现代化的中国世界级城市群

China's Growing Megalopolises Leading
the Economic Modernization Process

申现杰　著

中国财经出版传媒集团

经济科学出版社
Economic Science Press

前言

现代化要求空间上集中高效发展，满足技术进步、生产生活方式变革的要求。空间上的高效率要求国土开发的集约化。城市群是城镇化发展的高级阶段。我国疆域辽阔，但可以大规模开发的空间十分有限。地域上的千差万别导致中国的现代化进程不能实施无差别的均衡化推进，需要选择一部分开发条件较好的优势地区作为先行区率先推进现代化，进而对其他地区形成示范和带动作用。开放经济条件下，中国已经成为全球经济大国，但在产业领域尚处于中低端，在全球资源配置上尚缺乏体现中国经济地位的世界级城市群。因此，为满足中国实现现代化赶超与大国经济崛起的发展需要，我国需要建设能够在全球经济层面发挥超国家影响力的城市群，并依托其规模经济效应和高层次功能，提升中国经济在全球的影响力和控制力，引领推动中国的现代化进程。

理论上，在一国内部，在假定人口同质且可以自由流动的前提下，既定拥挤成本不变，随着国家对外贸易成本和国家内部区际之间贸易成本的双重下降，流动要素具有持续向具有区位、政策优势的地区集中的发展规律，该规律解释了要素向城市群地区集中的空间现象。考虑到拥挤成本变化，伴随要素向中心城市的过度集聚与中心城市拥挤水平的上升，将诱发形成中心城市流动要素向邻近中小城市持续扩散的空间现象。由此，在这种大空间集聚、小空间疏解机制下，形成了以大城市为核心的城市群规模等级分工体系。实际上，在人口存在高技术与低技能差异的条件下，城市群内部具有较大人口规模的中心城市往往能够吸纳更为高端的要素资源，而周边中小城市吸纳的要素资源水平往往低于中心城市。基于空间距离的邻近性，差异化要素在城市群内不同城市的布局、不同要素之间的相互作用又促进了城市群内各城市功能分工体系的形成。尤其是在价值链分工体系下，同一产业或同一企业不同生产环节和部门在中心城市和周边外围城市区域的布局，推动了城市群既有垂直分工又有横向分工的区域生产网络的形成，中心城市通常集聚公司总部等机构，而周边外围城市则往往是其生产环节的集聚地。这种城市群内部的中心服务和外围制造的功能分工，又促使城市群的各种现代经济效应的出现。

长期以来，我国对空间效率在现代化进程中的作用认识是不足的。中国现代化的起点建立在空间的低效率、分割性与外部的依附性之上，要摆脱这种先天不足的劣势，中国的现代化追赶进程必须将空间作为一个重要支撑元素，充分发挥城镇空间在促进现代化进程中的效率提升、内生发展、资源配置等经济社会方面的作用。自1949年以来，受主客观条件的影响，我国先后经历了抑制城镇化，小城镇发展战略，把城市群作为推进城镇化的主体形态，推动京津冀、长三角与粤港澳大湾区三大世界级城市群建设等几个阶段，对区域空间发展规律的认识逐步加深。尤其是顺应全球化、国家现代化的发展形势，提出将京津冀、长三角、粤港澳大湾区三大城市群的发展目标定位为世界级城市群，并对北京、上海、香港、广州、深圳等城市群中心城市提出扩展国际影响力的发展要求，适应并体现了中国百年现代化追赶进程与阶段性发展需求。

要顺应中国日益走进世界舞台中央的形势要求，以建设世界级城市群为目标，统筹中华民族伟大复兴战略全局和世界百年未有之大变局，将中国世界级城市群打造成为中国现代化建设的引领区、中国配置全球资源的核心区、中国区域协同发展的示范区以及全球重要的科技创新侧园区。从国家层面推进世界级城市群建设，需要扩大自身市场规模，为集聚全球高端要素创建基础条件。而提升城市群市场规模，就是推动以城市群为主体形态推进中国城镇化进程，通过需求与供给能力的提升，形成以"我"为主的产业链供应链体系，进而促进外部资源要素向中国城市群的集聚与再扩散。根据要素的集聚原理，中国也必须提升自身的开放水平，才能便利外部资源要素向中国的集聚。而提升自身的开放水平，就要进一步融入全球经济一体化与区域经济一体化进程，进一步降低国家的外贸壁垒，进而促使外部资源要素向中国城市群集聚与再扩散。通过依托国家城镇化和全方位开放，可以为中国城市群扩展对外的经济权力提供坚实的基础。从地方层面来看，地方应在中央区域政策体系引导下，一方面，发挥地区比较优势，主动融入城市群分工网络，推动城市向特色化、专业化方向发展，增强创新发展动力，提升城市群一体化水平，促进各类要素合理流动和高效集聚，形成优势互补、高质量发展的城市群经济发展格局；另一方面，要推动北京、上海、广州、深圳、天津等城市群中心城市向世界城市转型，将京津冀、长三角与粤港澳大湾区城市群中心城市打造成国际金融中心、国际贸易中心、国际航运中心、总部管理中心，考虑到城市群中心城市已有分工，应推进组合型世界城市建设，增强全球资源配置功能。

从京津冀、长三角与粤港澳大湾区三大世界级城市群的具体建设来看，京津冀城市群应着力优化城市功能布局，构建以首都为核心、雄安和天津为支撑的组合型世界城市，提升京津冀城市群的全球竞争力。落实北京四个功能定位，优化提升首都的指挥协调功能。加快推进国资央企总部及科研机构向雄安转移，建设北京非首都功能集中承载地。推进天津全国先进制造研发基地、北方国际航运核心区、金融创新运营示范区、改革开放先行区建设，打造京津冀城市群对外开放的门户城市。发挥京津雄的引擎作用，提升对京津冀其他地区的带动能力。扩大河北省城市规模，构建京津冀梯度合理的城市体系。以重点功能区为引领，深入推进京津冀产业合作。长三角城市群以上海为中心，大力推进国际经济、金融、贸易、航运和科技创新等"五个中心"建设，在大宗商品定价、金融支持实体经济发展、全方位开放与科技创新等方面担当国家角色，引领带动长三角地区、长江经济带乃至全国发展。江苏、浙江、安徽等处于长三角城市群范围内的城市成为先进制造业基地和科技孵化基地，主动嵌入全球价值链，推动重点城市由专业化经济向城市化经济转型，培育打造以国家价值链为核心的分工体系。持续探索区域经济合作的"飞地"模式，推进苏浙沪产业向周边地区转移，提升区域均衡发展能力。粤港澳大湾区城市群以香港、澳门、广州和深圳为中心，支持香港依托珠三角城市群巩固提升其世界城市地位，依托粤港澳及泛珠三角地区推进广州、深圳专业化世界城市建设，进一步打破粤港澳要素流动壁垒，推动港澳更好地融入国家发展大局。推进佛山、东莞等世界级制造业基地建设，与香港、深圳、广州、澳门形成互补发展格局。立足"双转移"战略与泛珠三角地区合作等，借鉴深汕特别合作区"飞地"发展模式，以合作促进区域协调共赢发展。

目录

导　论

第一节　时代背景

一、经济全球化与区域经济一体化推动地方空间关系重构

经济全球化与区域经济一体化不仅导致了更为紧密的国家间的经济联系，也加深了主要城市之间的联系，进而催生了全球城市区域的出现。与此同时，面对世界各地低工资劳动力、优惠财税政策、制度便利化提升所导致的区域吸引力越来越强的现实，城市必须主动提升自身的竞争力以尽可能地从全球化中获取收益。一方面，为了吸引和留住高速流动的资本和劳动力，城市不得不通过加强自身在经济管理上的灵活性，进行相应的机制建设，以创造吸引和留住资本和劳动力的条件，灵活应对来自全球的竞争；另一方面，城市必须进行区域的整合，通过寻求与周边地区在更广泛意义上的区域合作（联合）来实现优势互补，以应对经济全球化下的新机遇与新挑战。诚如2009年世界银行的年度发展报告《重塑世界经济地理》所指出的，21世纪全球进入社会大转型时期，空间重构表现为密度、距离和分割三个变量的改变，高密度（生产要素的高度集聚）、近距离（生产要素近距离移动和专业化）、浅分割（区域一体化）的巨型功能区域不断

涌现和发展，并开始形成以大城市为核心，有着主次序列、分工协作的城镇群体（顾朝林，2009）。

二、公司产业链、供应链全球布局调整重塑全球—地方体系

跨国公司是经济全球化的重要推动者和塑造者，能够对其分布在多个国家的经营活动进行协调和控制（迪肯，2003）。第二次世界大战以后，尤其是 20 世纪 70 年代以来，随着经济全球化的推进，由于交通与信息技术的进步和国家的贸易自由化进程的提速，跨国公司在全球生产布局与组织管理的成本上大为降低，标准化的流水作业推动了生产和服务管理的可分离性，使得跨国公司能够将不同的价值区段在全球不同的区域进行布局以获取最大收益。而呈现在全球城市体系上，这种分离的结果便是跨国公司的管理和控制功能向大型城市中心区集中，生产功能向低成本地区，即郊区和次一级卫星城镇集中。跨国公司的母公司位于发达国家的全球控制管理中心——世界城市，如纽约、伦敦等，管理复杂、零散的全球生产、贸易和投资。跨洲的经营运作中心则布局在较次一级的城市，如香港、新加坡等城市，这些城市是跨国公司接近东道国市场管理分支机构的场所；生产环节则放在东道国中心城市的周边，既能够与中心城市有着较为密切的经济联系，也便于跨国公司在东道国的运营中心对生产环节进行管理。由此，在跨国公司主导的网络化的国际分工与贸易体系中，一个城市会同时和多个位于网络中不同位置的城市发生联系。基于城市企业在全球价值链中所处节点位置的不同，有的城市处于关键的枢纽地位，发挥着重要的控制作用；有的城市则只参与装配加工的生产环节。

三、城市群成为开放经济下国家参与世界竞争的空间载体

在经济全球化和信息化的推动下，城市区域的界限也处在动态发展演化之中。大都市区聚集能力日益增强，边界范围日益扩大，从而形成了以大都市区为核心、周边城市联系紧密的圈层结构。多个都市

区连成一体，在经济、社会、文化等各方面密切交互作用，进一步形成了城市群。由此，城市群作为全球化背景下经济地方化在空间上的具体体现，也成为实现经济全球化的具体路径（唐茂华，2006）。在跨国公司的全球布局下，资源要素的跨国流动与全球地域空间的重塑直接改变了国家、城市、企业之间的关系，城市作为全球经济空间的主要载体和节点的地位日益提升，越来越多的社会财富和国际资本进一步向大城市和城市群集聚。城市群已经成为参与全球竞争的基本空间单元。以城市群为载体、以产业集群为主体的全球竞争正在登上历史舞台，国与国之间的竞争也由企业、产业集团、中心城市的竞争逐步表现为城市群所获取的全球资源分享空间的竞争（唐茂华，2006；李学鑫，2011）。经济发展的主要动力将越来越源于中心城市、次级城市、周边城镇及其腹地共同构成的城市群。特别是随着全球范围竞争的不断加剧，城市群在发挥规模效应、集聚效应、创新效应、协同效应、外部经济效应、区域带动效应上具有明显优势。城市群之间的分工、合作和竞争，正在重塑全球竞争格局。

四、中国现代化赶超战略与世界级城市群国家战略的提出

在全球化和信息化的背景下，世界经济的地点空间正在被"流空间"所代替，世界经济的空间结构逐步进入了以"流""节点""网络"这样一个基础之上，直接塑造了资金流、信息流、贸易流、技术流、物质流、人才流、资源流的集聚地与连接区域与世界经济体系的空间流动节点，形成了以这些节点或集聚集群为核心的全球经济空间发展格局（陆大道，2015）。一国或地区从封闭经济走向开放经济，目的是借助外来要素弥补本国或本地区要素的不足，实现自身经济发展，并迅速融入全球化之中，为本国形成较高的要素水平和有竞争力的要素结构奠定基础。因此，生产要素全球流动下的集聚能力和要素结构水平成为决定一国或地区经济实力的两大决定性因素。改革开放以来，融入全球化进程中的中国经济迅速崛起。目前，我国已经成为仅次于美国的第二大经济体、第一大出口国和第二大进口国，并且是全球120多个国家（地区）的最大贸易伙伴。但同

时，中国在服务业贸易、全球价值链高端环节、全球资本市场掌控能力与大宗商品的定价能力上还与欧美主要发达国家有巨大的差距，也缺乏能够行使上述职能的空间载体，在新一轮的区域经济一体化与全球化下，中国迫切需要在全球经济网络中充当重要核心节点的世界城市及推动地方一体联动发展的城市群，以在全球层面增强竞争力。自2008年以来，中国先后明确提出京津冀、长江三角洲和珠江三角洲城市群要以建设世界级城市群为目标，提升面向全球的竞争力。随着京津冀协同发展、粤港澳大湾区建设、长三角一体化发展等国家重大区域发展战略的提出，世界级城市群建设战略已经成为中国参与全球经济竞争和辐射带动国内区域经济发展的重要政策举措。

第二节　世界级城市群的概念、脉络及其特征

从世界级城市群这一概念的字面含义来看，"世界"体现的是全球性，说明城市群对世界经济的影响；"级"的含义为"层次"与"等次"，从城市群的层次和等级来看，在全球化的背景下，与世界其他地区的城市群相比，世界级城市群总体规模（如人口和经济总量）较大，在国内联系和国际联系上具有较高层次的联系度，在全球产业价值链分工中居于高端地位，在对世界经济的影响与控制上具有核心作用，强调的是对全球经济的高层次影响力。由此，世界级城市群的研究可以追溯到两个方面的研究脉络：一方面是对国家内部地域空间组织的研究，主要表现为对国家内部巨型城市区域或城市群的研究，由于该研究范畴属于国家城镇体系的范畴，并未纳入全球化这一宏观背景的研究中来；另一方面是对全球城市体系的研究，其主要的研究对象为全球城市体系中的顶尖城市——世界（全球）城市[①]的研究，但并未延伸到其与腹地网络之间的相互关系（近年来西方

---

① 霍尔（1966）和弗里德曼等（1982，1986）使用的是世界城市的概念，而沙森（1991）和泰勒等（2004）则使用全球城市的概念。沙森（1991）认为世界城市几个世纪或更早以前就已经存在，而今天意义上的全球城市很可能并非完整意义上的世界城市，即全球城市兴起于现代。本书将全球城市等同于当今全球化背景的世界城市，统称为世界城市。

已经开启了对其与腹地关系的研究)。因此，对世界级城市群概念的界定，可以从全球化背景下的全球生产网络体系与国家地域空间组织体系两个方面进行阐释和界定。

一、城 市 群

"城市群"是中国的特色名词，一般认为是城镇化发展至高级阶段的空间呈现。国内认可与引用最多的城市群概念是姚世谋（1992）所提出的，他将城市群的基本概念改扩为在特定地域范围内具有相当数量的不同性质、类型和等级规模的城市，依托一定的自然条件，以一个或两个超大城市或特大城市作为地区经济的核心，借助于现代化的交通工具和综合运输网络以及高度发达的信息网络，发生与发展着城市之间的内在联系，共同构成一个相对完整的城市"集合体"。从相关文献来看，一般认为对城市群的相关研究起源于 1957 年法国地理学家哥特曼的研究。哥特曼（1957）将美国东北部包含十几个大都市区联合而成的具有 3000 万人口以上的城市密集区定义为城市群（megalopolis）①，并将其视为城镇化发展至高级阶段的地域呈现。哥特曼将城市群的基本特征和功能界定如下：城市群是国家的核心区域，是国家对外交往的枢纽性地区，内部城市较为密集，中心城市与外围地区的经济一体化程度较高，有较为快速便捷的交通网络，人口的规模较大，哥特曼设定了 2500 万人的城市群人口标准。1976 年，哥特曼又以 2500 万人口这一规模标准提出了世界六大城市群的概念，认为在当时共有 6 个超过 2500 万人口的城市群，分别为美国东北海岸城市群、五大湖城市群、日本的东海道城市群、英格兰城市群、欧洲西北部城市群和以中国上海为中心的城市群。这六个城市群具有以下特征：一是人口密度较高；二是由有形的基础设施与无形流动要素等形成的联系叠加网络使区域更加紧密地联接在一起并形

---

① 我国学者有的将哥特曼提出的"megalopolis"一词翻译为城市群，有的将其翻译为大都市带或大都市连绵区。

成相互依存的关系；三是城市群在空间结构上具有多样性与复杂性，由城市、城镇、郊区和农业地区构成了城市群多样性的空间；四是城市群具有良好的生态系统①。

哥特曼的研究拓展了城市化发展的空间形态，促使城市群概念开始在全球推广（刘士林，2010），在世界学术界引起了广泛的影响。诚如哈瑞斯和霍乐（Harrison and Hoyler, 2015）所言，哥特曼的城市群概念已经成为全球化充分发挥作用下城市增长的实验室，成为他留给当代的一个主要遗产。从学术研究上来看，与"城市群"相近的概念有很多，如城镇密集化地区、巨型城市区域、巨型区域、组合城市、大都市连绵带、都市连绵区等。造成这种局面的原因，一方面是哥特曼所描述的这种地理上的经济现象处于学术研究的起步与探索阶段；另一方面是不同学者在引入这一概念时在命名上的不同。从根本上来看，这些概念描述的均是众多城市在某一区域的集中与互动，不同的是有的强调中心城市的作用而将称其为大都市圈；有的强调其空间范围与人口规模，如欧洲学者的巨型城市区域与美国学者的巨型区域；有的强调的是城市空间上的分布特征而将称其为大都市连绵带。本书认为，这些概念具有本质上的相似性，仅是从不同角度对某一类地域空间景观进行描述。其有着共同的特征：一是由多个城市区域聚合而成；二是人口和经济密度较高，存在着至少一个大型都市区和众多的中小城市；三是不同城市之间基于空间临近性与发达的交通通信网络而彼此相互作用较强，经济人文等方面的联系较为紧密。

需要指出的是，与传统的"切块设市"所形成的城市行政区不同，我国目前的"市"并非一个单纯的城市行政区概念，而是一个政府行政管理层级，是市县合治模式的产物，市级政府除了管辖城区之外，还管辖县及辖区内的农村，是一种城市区域概念。在之前市县分治模式下，地级市主要承担工业发展与城市建设职能，地区行署主要负责推动农村与农业发

---

① 城市群必须包含由高密度廊道所形成的绿带，它不应该是由水泥、钢材、砖和汽车所组成的毫无希望的拥挤图像。

展。地区行署一般又驻扎在市内,由此形成了地缘上经济联系较为紧密的城乡之间的相互分割。20世纪80年代,我国撤销地区行署(省级政府派出机构)实行市管县体制,目的是把城市周围与城市有密切地缘关系的地域行政区划归城市统一领导,以解决城乡分割问题,实现城市行政区与城市经济区的基本一致。例如,由城区所组成的城市行政区邯郸市与作为河北省政府派出机构的邯郸地区行署驻地都在邯郸城区,分管不同的空间,地市合并组建邯郸市一级政府,将原先的邯郸地区所管辖的县也划归邯郸市进行管理,就形成了市县合治模式。因此,就我国的城市群含义来看,其更类似于一种数个相邻且有着较为紧密关系的城市区域的集合体。综合上述观点,借鉴姚世谋的城市群定义,本书将在一定区域内密集分布的城市地区,因地域相邻而产生较高互动作用与功能分工的城市地区集合体这一空间组织被称为城市群。

尽管哥特曼(1976)提出的世界六大城市群与当今全球化背景下在世界舞台上具有较大规模和较高功能层次的城市群基本吻合,但笔者认为,哥特曼虽然从规模的角度分析了世界级大城市群的特征,但由于其所处时代缺乏经济全球化这一客观背景,无法对世界级大城市群在全球化中的地位、功能以及如何形成内部互动关系等方面进行过多阐述。而进入21世纪以后对巨型城市区域(类似于我国的城市群)的研究,弥补了既有城市群研究不注重与全球化进行互动作用的缺憾。近年来,在欧美等西方国家先后提出了"mega - city regions"(巨型城市区域)与"mega - region"(巨型区域)的概念,试图通过巨型城市区域内部的中心城市——世界城市与周边腹地城市一体化水平的提升,维系其世界城市的全球竞争优势和实现其促进区域内部均衡发展的基本目标。彼得·霍尔和凯西·佩恩(Peter Hall and Kathy Pain, 2010)将巨型城市区域定义为一种新的形式:由形态上分离但功能上相互联系的10~50个城镇集聚在一个或多个较大的中心城市周围,通过新的劳动分工显示出巨大的经济力量。这些城镇作为独立的实体存在,即大多数居民在本地工作且大多数工人是本地居民,同时也是广阔的功能性城市区域的一部分,他们被高速公路、高速铁路和电信电缆所传输的密集的人流和信息流——

流动空间——连接起来，这就是 21 世纪初出现的城市形式[①]（彼得·霍尔和考蒂·佩因，2008；顾朝林，2009）。2006 年，美国区域协会《美国2050》规划中提出了巨型区域的概念，将巨型区域界定为在新的全球化经济中形成的一种重要的空间组织形态，是自然产生的新的经济单元，在更大尺度范围内行使着人才、生产、创新和市场的功能，有着联系较为紧密的网络联系体系[②]。

在巨型城市区域、巨型区域与中国所提出的城市群概念上，具有共同的特点。彼得·霍尔和考蒂·佩因（2008）指出哥特曼早在 1961 年就已经在其关于"metropolis"（城市群）的先驱研究中最早界定了高度城市化的东北海岸为巨型城市区域。同时，马丁·莫格里奇和约翰·帕尔证明，英格兰东南部地区、中国的长三角城市群、日本的东海道城市群等就是欧美学者所谓的巨型区域或巨型城市区域（彼得·霍尔和考蒂·佩因，2008）。泰勒（2004）也认为彼得·霍尔等的划分与哥特曼的城市群理念具有一定的相似性，但彼得·霍尔的划分方法无疑更加复杂，具有更强的内在联系。另外，彼得·霍尔的划分方法与哥特曼的模式存在着根本不同，因为它是建立在卡斯特尔的"流动空间"基础之上，这些区域是国家参与经济全球化的核心地带，具有较大的流量规模，是国家对外交往的门户地区，在全球要素流动中居于重要的核心节点地位。由此可以看出，我国长三角区域规划、珠三角区域规划中提出的世界级城市群与欧洲提出的

---

① 2005 年，欧盟委员会资助 POLYNET 项目的 8 个研究小组在西北欧"Interreg IIIB"计划下界定了英格兰东南部、兰斯塔德、比利时中部、莱茵鲁尔、莱因美因、瑞士北部、巴黎区域以及大都柏林 8 个巨型城市区域，这些巨型城市区域人口从 350 万 ~1800 万不等，面积从 7000 ~40000平方公里不等，横跨了欧洲从北部的英格兰西北到南部的意大利米兰之间分布着 30 多个大都市区，人口规模在 1 亿左右，集中了欧洲的大部分产业。目前欧盟核心区是欧盟唯一一个较大和明显的国际经济一体化区域，即由伦敦、巴黎、米兰、慕尼黑和汉堡五大都市组成的五角形区域。该区域可提供较强的国际经济功能与服务，收入水平高，基础设施发达。但其 GDP 总量尚未达到足以改变现有非均衡空间发展状况的程度，并符合欧洲空间展望（ESDP）的基本目标。

② 《美国2050》规划划定美国东北部、五大湖等 11 个巨型区域。从 11 个巨型城市区域来看，每个巨型城市区域均以一个世界城市为中心，由数量不等的周边大中小城市所构成。并在提升国际竞争力、促进区域平衡发展、基础设施（通信、能源、高铁、交通、安全等）、景观保护、跨行政区域合作等方面提出了相应的政策支持措施，以使这些巨型区域未来能够成为吸引高技能劳动力的区域、提供高质量生活的区域，以及作为"世界门户"的交通枢纽区域具有更优越的区域竞争优势。

巨型城市区域、美国提出的巨型区域在概念、特征与空间上具有高度的一致性。

二、世界（全球）城市

20 世纪五六十年代，世界大城市规模扩张带来空间结构的变迁，成为世界城市研究最先关注的领域。1966 年，彼得·霍尔从国家城镇体系的视角认为主要国家的中心城市已经超越国家内部的城镇体系而在全球政治经济中占据重要地位，彼得·霍尔将英国的伦敦、法国的巴黎、德国的莱茵 - 鲁尔、荷兰的兰斯塔德、苏联的莫斯科、美国的纽约和日本的东京 7 个城市列为具有全球性影响力的世界城市，并描述了世界城市的五大特征[①]（李文丽，2014）。但由于在六七十年代世界城市理论研究尚缺乏经济全球化这一客观背景，学者们普遍将对世界城市理论发展里程碑式的影响的研究归于弗里德曼和沙森在世界（全球）城市上的理论研究（周一星和沈金箴，2003）。七八十年代，跨国公司的多国资源配置使国际分工体系发生巨大变迁，国际经济联系日渐紧密，新的国际劳动分工成为将跨国公司经济活动和世界城市体系联系起来的桥梁。1982 年，弗里德曼和沃尔夫在《世界城市的形成：一项研究和行动的议程》一文中指出，世界城市作为经济全球化所催生的全球新的国际劳动分工的产物，成为全球经济的协调和控制中心，且只能产生于核心国家，在半边缘国家仅具有产生世界城市的部分条件。伊丽莎白·科瑞德（Elizabeth Currid，2006）总结了关于世

---

① 彼得·霍尔（1966）认为世界城市具有五大特征：（1）世界城市通常是重要的国际政治中心，是国家政府的所在地，也是国际政治组织的所在地，并且也是各类专业组织、制造业企业总部所在地；（2）世界城市是重要的国际商业中心，是内外物流的集散地，往往拥有大型国际海港和空港，又是所在国最主要的金融中心与财政中心；（3）世界城市是文化、教育、科学、技术、人才中心，集聚了大型医院、著名高等学府和科研机构、规模宏大的图书馆和博物馆等基本设施，通常拥有庞大而发达的传媒网络；（4）世界城市是巨大的人口集聚地，拥有数百万至上千万的城市人口；（5）世界城市是国际娱乐休闲中心，拥有古典或现代化的剧场、戏院、音乐厅以及豪华的宾馆、饭店和各类餐饮场所。在霍尔的《世界城市》一书中，霍尔认为韦伯的区位论和克里斯塔勒的中心地理论并没有过时，经济活动向城市集聚的现象和全球城市等级结构都正在出现，新的"工业区"实际上是传统"工业区"的明显扩大，大都市依然是指挥和控制型城市。世界城市所体现出的世界性（cosmopolitan），正是其所属国家地缘政治优势的一种体现。

界城市的研究文献，认为世界城市的形成主要基于以下四个方面。一是弗里德曼（1982，1986，1995）①②、诺克斯和泰勒（1995）、沙森（1991）认为全球城市是专业服务和金融活动的世界中心，是全球资本汇集的场所。二是跨国公司作为全球生产运营体系的中心，在全球经济中具有高层次行政管理职能，跨国公司通过世界城市控制遍及全球的生产活动。三是佛罗里达（Florida，2002）认为，创造力或产生"有意义的新形式（模式）"的能力，是全球经济体系的核心原则。世界城市应是那些具有创新创意的人的高度集中地，具有全球创新功能。四是世界城市是全球生产网络中连接全球高端生产服务、生产与消费及辅助性服务的主要空间节点，世界城市的崛起不是依靠它所固有的能量而是通过流量的扩展来获得和积累全球的财富与经济权力（卡斯特尔，1996）。帕恩瑞特（Parnreiter，2010）结合跨国公司主导下的全球价值链分布特征，提出世界城市也是全球价值链的关键节点与治理核心，是全球价值链高端环节的汇集点，是获取当地的知识和紧密联系客户的关键因素。尽管对世界城市至今尚未形成一个公认的定义，但这并不影响我们对世界城市基本内涵进行深入探讨。从上述文献来看，学者们对世界城市的内涵有各种各样的解释，这些解释各有不同的视角与侧重点，但都突出了世界城市

---

① 弗里德曼（1986）提出了世界城市的七大特征：一是城市与世界经济的一体化深度、广度形式及其在新的全球劳动分工中的功能，将由世界城市的内部功能和结构所决定；二是世界城市是全球生产与市场的主要组织协调者与管理者，是全球化下资本流动的基本关键节点，基于在节点中的不同功能促成了世界城市等级体系的形成；三是世界城市的控制功能体现在其生产就业部门结构的动态演化之上；四是世界城市是国际资本的主要集散地；五是世界城市是大量国内外劳动力迁移的主要集中地；六是世界城市是空间与阶层极化分布的结果；七是世界城市运行所产生的社会成本往往会超越自身的财政支付能力。

② 弗里德曼（1995）发表了《我们的起点在哪里：十年来的世界城市研究》一文，在该文中，弗里德曼回顾了十年来关于世界城市或全球城市的研究，在概念问题上归纳了各项研究的共同点。第一，世界城市连接了较大区域的国家的和国际的经济体，也就是说世界城市作为中心服务全球资金、劳动力、信息、商品和其他相关经济要素的流动，是全球经济体系的组织节点。第二，世界城市作为一个全球资本汇集的空间，在一个具有世界范围的规模上，承担着一系列国家经济和区域经济资本的汇集。这一空间是包括主要的生产区域，专业生产部门，当然也包括消费者的空间集聚。第三，世界城市是一个较大规模的城市化区域，超越行政管理界限与周边城市有着较为密切的相互联系。第四，区域性城市——全球系统的控制节点——被纳入空间节点的等级体系，主要基于它们所控制的经济权力。因此，根据世界城市的经济权力（全球资本的汇集程度），可以将世界城市划分为不同的等级，如区域级、国家级与世界级。第五，世界城市的主导文化是国际化的，具有控制被誉为跨国资产阶级这一社会阶层的能力。

的基本属性：是否作为资本的积累、集聚地和是否充当组织、控制生产的分配、流通的角色。

在世界城市研究的不断深化，全球及地方生产网络中城市和所在区域上下游价值链关系不断深化的大背景下，西方学术界开始反思这种单一中心城市的地理空间模式是否能够反映当代世界经济地理格局的真实面貌。在上述关于世界城市的分析中，存在的核心问题之一是侧重于孤立的个案研究，仅对世界城市体系顶端的城市进行分析，而对一般性城市的研究不足，尤其是缺乏对全球城市周边腹地中小城市的深入分析。诚如李健（2011）所言，世界城市研究仅关注全球生产网络中的高端服务业和全球城市体系中的高端城市，而忽略了作为整体存在的全球生产网络中其他价值环节及其空间镶嵌形式，同时也忽视了自下而上的本地化发展进程中的内生力量，尤其是地方政府及地方企业做出的"网络镶嵌"努力所促进的区域及城市发展的社会经济实质。因此，单一的世界城市研究无法真实准确地刻画全球生产网络组织的全球经济地理网络格局和发展实质。

三、世界级城市群

基于对单一中心城市的地理空间模式是否能够反映当代世界经济地理格局的真实面貌的反思，西方学术界开始拓展世界城市与其腹地关系的研究。斯科特（Scott，2001）基于全球化强调，世界城市在全球组织控制功能的同时，也对世界城市周边区域产生了重要影响，由此提出了"全球城市区域"的概念，将全球城市区域定义为由大都市区与其周围腹地组成的空间组织，其自身具有分散化特征，且内部经济政治关系更以一种复杂的形式进行紧密连接，并且具有广泛的超国家关系（见图1-1）。作为一种新的政治经济单元，繁荣的全球城市区域的内部经济和政治事务都在以错综复杂的方式加强与遥远地区的跨界联系，并日益成为现代生活的生产与协调中心（Scott，2007）。彼得·霍尔（2001）认为全球城市区域由与世界城市联系紧密的边缘地区和世界城市本身构成。全球城市区域的地理结构具有明显的多中心性，主要包括传统中心城区、较新的商务中心、内边缘城市、外边缘城市、最外围边缘城市、专门化的郊区中心等（顾朝林，2009）。因此，全球城市区域具有较高的多样化经济与专业化经济特征，是全球经济发展的新引擎，也是全球生产贸易、经济增长和科技创新的发源地。

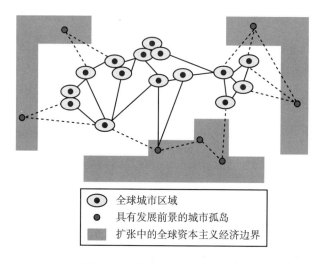

图 1-1　全球化下的地理空间

资料来源：Allen J. Scott, *Global City-regions*. Oxford University Press, 2001.

　　全球城市区域是对世界城市概念在理论及实践上的延伸，并越来越明显地成为国际政治经济舞台上一个独特的空间（余丹林和魏也华，2003）。在全球化背景下，全球城市区域内的各城市之间、各产业之间与产业内上下游之间具有较高的一体化水平。因此，由斯科特开启的全球城市区域研究，弥补了原有世界城市与其腹地关系研究上的不足。与世界城市相比，全球城市区域概念具有两个方面的侧重点：一是强调世界城市及其区域在全球经济中的超国家地位和作用；二是强调全球城市区域内部大都市区与其腹地在政治、经济等方面的复杂关系。斯科特（2008）扩展了传统都市区的空间范围，认为以世界城市为核心的全球城市区域规模巨大，使很多中小城市可以成为全球城市区域的一部分。从城市群研究来看，随着全球化与区域一体化的推进，城市群的发展已经脱离了其原有的国家城市体系范畴，这离不开经济全球化的影响。因此，对城市群的研究需要在全球化与地方化互动中予以重新审视。哈瑞斯和霍乐（Harrison and Hoyler, 2015）指出，在过去的 20 年中，哥特曼的城市群研究理论已经成为东亚新兴经济体和美国巨型区域规划思想的一种主导性思想，并在形式上显示为具有地缘经济特征的全球城市区域。因此，基于对世界城市、全球城市区域与哥特曼的世界大城市群理论的综合分析，借鉴斯科特的全球城市区域概念的实质内涵，借用我国通用的"城市群"这一概念，本书将世界级城市群定义为由高级别世界城市与周边多个大中小城市共同组成，在经济、社会、文化等方面基于空间临近性而发生密切交互作用，能够依托其巨大规模经济效应和高层次功能，在全球经济层面发挥具有超国家影响力的城市群，是世界核心大国影响全球经济的核心载体。

结合世界城市、城市群的特征与功能，世界级城市群具有以下几个特征。

第一，具有巨大的人口与经济规模。城市群是一个国家比较发达的地区，集聚了不同规模与不同专业化功能的城市，拥有优质的人力资本和物质资本，单位面积人口密度和经济产出较高，人口和经济规模在国家或区域中占有较大比重，具有巨大的综合效益和市场潜力（汪阳红和张燕，2014）。因此，巨大的人口规模、人口密度与经济规模、经济密度是衡量城市群规模等级的重要指标。人口密集是产业高度密集的结果，当前以美国东北部城市群、美国五大湖城市群、英国中南部城市群、日本东海道城市群、中国长江三角洲城市群为代表的世界级城市群，是世界上最发达的城市区域，具有规模庞大的人口和经济规模。

第二，城市间专业化分工程度较高。基于城市网络之上的分工整合是城市群的精髓。诚如沙森（Sassen）所指出的，美国巨型区域（城市群）应超越大规模集聚经济产业的规模经济，其精髓在于区域之间整合后的多样化发展，以同时满足多元目标追求。巨型区域（城市群）应实现的理想场景是：生产性服务业在中心地区集聚，制造业扩散至外围地区，中心地区生产性服务业的发展能够依托外围地区的市场而获得持续繁荣，而外围地区通过参与分工进而实现振兴。[①] 由于中心城市与外围地区的地域分工，使得区域能够实现规模经济和多样化发展，突破了以往所强调的城市经济

---

① Saskia Sassen, "Megregions：Benefits Beyond Sharing Trains and Parking Lots？", http：//www. america2050. org/upload/2011/12/Economic Geography of Megaregions 2007. pdf.

范畴，建构了区域内部合作的经济基础，从而更有效地参与全球化背景下的区域竞争（李少星和顾朝林，2009）。

第三，中心城市为世界城市。世界级城市群以世界城市为核心，在全球经济中发挥控制和指挥、价值链核心、专业化服务与金融中心功能。大国经济在全球经济中占据重要地位，大国内部次区域层面为城市群，城市群的核心是服务能级较高的中心城市。中心城市往往能够依托周边腹地即城市群的发育和国家的外向经济发展成为代表国家参与全球竞争的世界城市，在全球经济中代表国家发挥协调和控制作用。从美国东北部城市群、英国中南部城市群与日本东海道城市群来看，这些世界级城市群之所以能够在全球发挥重大的影响力，离不开城市群内顶级世界城市所具有的全球影响力（见表1-1）。

表1-1   世界城市与所在城市群

世界城市	地理位置	所在城市群	贸易中心	航运中心	金融中心	政治中心	科技中心
伦敦	泰晤士河穿城而过，与欧洲蓝香蕉地带隔海相望，并由海底隧道连接	英格兰城市群	世界贸易中心	世界航运中心	世界金融中心	欧洲政治中心	欧洲科技中心
纽约	哈德逊河入海口，天然良港，内部运河与铁路枢纽	美国东北部城市群	世界贸易中心	世界航运中心	世界金融中心	世界政治中心	北美科技中心
东京	濒临太平洋东岸	日本东海道城市群	世界贸易中心	世界航运中心	世界金融中心	国家政治中心	国家科技中心
新加坡	地处马六甲海峡要道，太平洋与印度洋交汇之处		世界贸易枢纽	世界航运枢纽	世界金融中心	国家政治中心	否
香港	世界航道要脉，航线通达五大洲、三大洋	中国粤港澳大湾区城市群	世界贸易枢纽	世界航运枢纽	世界金融中心	否	否
法兰克福	德国莱茵河和多瑙河的中转站，欧洲中央银行所在地	德国莱茵鲁尔城市群	区域交通枢纽	河运中转站	区域金融中心	否	国际科技中心

资料来源：余秀荣，《国际金融中心历史变迁与功能演进研究》，中国金融出版社2011年版。

连接国内国外的流动空间。城市群是全球生产要素与信息集聚与扩散的中心地，是参与全球经济竞争的重要空间单元，是国家对内对外联系的门户地区，具有较强的要素集聚功能和扩散功能。因此，城市群一方面充当起全球经济网络的重要节点，对现有和即将到来的全球竞争承担资金、生产管理、控制与服务等功能。另一方面具有网络连接功能。城市群依托各种交通、通信等基础设施与文化、传统等非物质网络关系，将功能节点（城市）以及节点间的"流"相互连接起来，实现城市之间，群内与群外各种流的交换，形成城市间经济社会联系相对紧密、功能有机整合的城市网络（汪洋红和张燕，2014）。

经济一体化程度较高。一体化体现在内部和外部两个方面。城市群内部一体化主要指各城市通过基础设施一体化、市场一体化、功能一体化和利益协同化的网络，推进城市功能之间的相互衔接、融合、互补与分工。外部一体化是指城市群的对外开放水平，即城市群经济融入世界经济的能力，涉及与国际贸易投资规则的一体化程度、外贸成本的降低、与外部经贸联系度等。城市群内外一体化程度较高，要素内外流动顺畅，城市功能之间相互衔接互补，各城市均能获取集聚与分工的收益，能够实现城市群整体发展的利益最大化。

第三节　经济现代化的空间要求

现代化是一个时空双轴的演进发展过程，从发展阶段上它要求由传统迈向现代，并以技术创新为媒介，推动整个经济社会各个方面的效率、动力与质量变革，最终实现国家走在世界前列；从空间上它要求国家采取非均衡空间发展战略，率先推动某一空间迅速崛起，率先实现现代化，然后借助于空间一体化战略或机制，梯次推动经济要素向外围地区进行扩散，推动不同地区空间资源要素的整合联动，最终实现先发地区与后发地区的一体联动发展，实现不同地区空间上的均衡发展。经济现代化作为现代化的一个重要领域，主要指从传统经济向市场经济的转变过程（吴承明，1997），具体表现为经济效率与资源使用效率的上升，产业结构和就业结构的非农化、服务化和非物质化，以及从工业化向非工业化的转变过程（何传启，2005）。从西方国家经济现代化的发展历程来看，工业化进程的加速推进往往伴随着空间上的城镇化快速发展，城镇化通过生产、就业、消费结构上的城乡转换效应，从供给和需求两端对工业化的持续推进形成支撑。城镇化是现代化的空间载体，城市群是城镇化发展至高级阶段的空间呈现。与单个城市相比，城市群往往由多个城市区域聚合而成，人口和经济密度较高，要素在城市群内部流动性较强，存在着至少一个大型都市区（圈）和众多的中小城市，不同城市之间基于空间邻近性与发达的交通通信网络而彼此相互作用，城市之间各方面的联系较为紧密，城市之间具有较强的分工效应、集聚效应、规模效应、溢出效应等。尽管我国幅员辽阔，地形地貌特征多样，但适宜城镇化的国土空间极为有限，实现空间上的功能分工与高效率必须以城市群作为主体形态，实现要素在空间上的自由流动，实现大国资源利用的优化。这就要求中国在现代化赶超过程中，依托城市群这一空间载体，推动传统经济社会向市场经济社会转型，打破地域分割进而实现资源要素的跨区域自由流动与自由组合，为实现高效率的后发赶超提供支撑。

一、效率增进要求以城市群为空间载体提升分工合作水平

经济现代化强调经济效率，分工是提升经济效率的重要方式之一。基于城市网络的分工整合是城市群的精髓。城市群空间内包含了众多不同规模的专业化与多样化城市，一般来说，大城市侧重于服务功能，中小城市侧重于专业化的制造功能，在整个城市群内部，各个城市会根据各自不同的资源禀赋和比较优势形成一个高效的产业分工网络体系。阿隆索（1973）率先提出了"借规模"的概念，用来解释大城市和周边中小城市在发展上的相互作用。认为大城市周边的中小城市可能利用大城市的人口规模形成具有竞争力的专业化产业，大城市也可以利用临近中小城市的专业化优势，在劳动力市场、商品市场等方面进行整合，形成竞争优势，并避免因集聚"块状"所形成的空间成本，为企业实现空间集聚收益与分工收益的最大化创建空间基础。城市群内部网络中的各大城市也可能相互借

助各自的规模，在劳动力市场、商品市场等方面进行整合，形成竞争优势，进而与世界城市、全球城市在世界经济格局中齐头并进（Meijers and Burger，2016）。

二、功能跃升要求以城市群为空间载体提升全球资源配置功能

城市群作为一个要素集聚体而存在，集聚有助于促使共享、匹配和学习机制的产生，也是提升经济效率与经济功能的重要手段。当要素在某一城市集聚到一定程度时，即集聚效应达到一个临界点的时候，该地区资源要素的相互组合能力开始发生质的变化，即产生中心地的相关功能，如制造中心、服务中心、金融中心、交通中心、信息中心和科技创新中心等中心功能，进而成为引领整个地区或国家现代化的核心空间。城市群作为邻近空间城市化的集聚体，生产、就业与消费的需求更大，不同城市间多种经济活动相互补充、互相促进，公共基础设施、知识信息的共享，将有效促使城市间生产、服务、就业与需求结构的多级层次化发展，促进产业结构与需求结构的升级，能够在较大空间尺度上提升城市群的综合服务功能。改革开放以来，中国城市是通过承接跨国公司主导的全球产业转移被动性卷入经济全球化进程之中的，在全球生产网络格局和全球产业价值链中处于中低端地位，在分工上呈现对外部市场的依附状态，在全球城市体系中的地位较低（见表1－2）。中国需要打造具有中国特色的世界级城市群，孕育本国的世界城市，建立以中国世界级城市群为核心的国家价值链，进而提升对全球资源要素的配置能力。因此，在现代化赶超背景下实施城市群发展战略，能够有效提升我国主要区域在全球化时代的全球竞争优势，提升对国际生产要素尤其是高端生产要素的集聚能力，实现我国城市群在全球地域分工上的尺度跃升、形态演进与空间关系重构。通过尺度跃升，使城市群分工从国家内部的区域尺度跃升至全球尺度，进而提升国家经济的影响力和控制力；通过形态演进，使城市群从全球价值链低端环节逐步向全球价值链高端环节演进，进而提升国家经济的创新力；通过空间关系重构，实现城市群内部中心城市与外围各城市的分工整合，促进区域的一体化发展（见图1－2）。

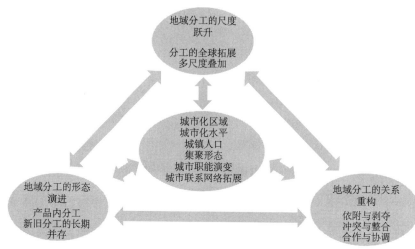

图 1－2 地域分工演进及其对城市区域的作用

资料来源：李少星和顾朝林（2011）。

表 1－2　　**2000 年、2010 年、2020 年 GaWC 的 Alpha 世界城市**

类别	2000 年	2010 年	2020 年
Alpha ++	伦敦 纽约	伦敦 纽约	伦敦 纽约
Alpha +	香港（3） 巴黎 东京 新加坡	香港（3） 巴黎 新加坡 东京 上海（7） 芝加哥 迪拜 悉尼	香港（3） 新加坡 上海（5） 北京（6） 迪拜 巴黎 东京
Alpha	芝加哥 米兰 洛杉矶 多伦多 马德里 阿姆斯特丹 悉尼 法兰克福 布鲁塞尔 圣保罗 旧金山	米兰 北京（12） 多伦多 圣保罗 马德里 孟买 洛杉矶 莫斯科 法兰克福 墨西哥城 阿姆斯特丹 布宜诺斯艾利斯 吉隆坡 首尔 布鲁塞尔 雅加达 华盛顿	悉尼 洛杉矶 多伦多 孟买 阿姆斯特丹 米兰 法兰克福 墨西哥城 圣保罗 芝加哥 吉隆坡 马德里 莫斯科 雅加达 布鲁塞尔

类别	2000 年	2010 年	2020 年
Alpha -	墨西哥城 苏黎世 台北 孟买 雅加达 布宜诺斯艾利斯 墨尔本 迈阿密 吉隆坡 斯德哥尔摩 曼谷 布拉格 都柏林 上海（31） 巴塞罗那 亚特兰大	迈阿密 都柏林 墨尔本 苏黎世 新德里 慕尼黑 伊斯坦布尔 波士顿 华沙 达拉斯 维也纳 亚特兰大 巴塞罗那 曼谷 台北 圣地亚哥 里斯本 费城 约翰内斯堡	华沙 首尔 约翰内斯堡 苏黎世 墨尔本 伊斯坦布尔 曼谷 斯德哥尔摩 维也纳 广州 都柏林 台北 布宜诺斯艾利斯 旧金山 卢森堡 蒙特利尔 慕尼黑 德里 圣地亚哥 波士顿 马尼拉 深圳 利雅得 里斯本 布拉格 班加罗尔

注：括号中的数字为中国世界城市在全球世界城市中的位次。

资料来源：根据 GaWCAlpha 级世界城市排名整理。

三、均衡发展要求以城市群为空间载体提升区域协调发展能力

受区域自身自然禀赋、交通区位、贸易自由化程度、政治与政策等条件影响，资源要素往往向优势地区集中，导致区域经济社会发展不均衡。区域发展上的过度分化将引发政治经济与社会等方面的问题，不利于国家统一。经济现代化要求实现空间上的均衡发展，空间均衡发展不是追求不同空间在经济指标上的相近，而是追求人均水平上的大体一致，

实现不同地区空间基本公共服务的均等化、基础设施通达程度比较均衡、人民生活水平大体相当等。空间上的均衡发展，一是要求资源要素自由流动，推动人口等生产要素由劣势地区向优势地区集中，进而实现人均生活水平上的共同提升；二是要求发达地区与欠发达地区进行地区支援、合作与互动等，推动资源要素向欠发达地区转移，提升其发展能力。在城市群层面，基于发展的效率，必须优先推动某一区域的发展，集中有限的资源要素，率先推动某一区域形成经济增长极或中心地，通过这些区域的优先发展进而带动周边的经济发展，最终实现整个空间的一体化均衡发展。城市群往往是一国首先重点发展的中心区域和增长极，通过城市群的发展带动效应，推动发展空间的向外扩散，进而形成对相邻区域的经济带动效应，实现城市群与周边地区的一体化发展。同时，在城市群的内部，往往又是优先推进中心城市的发展，通过中心城市的集聚与扩散效应，进而拉动周边城市的发展，最终实现城市群内部的一体化发展。

四、开放发展要求以城市群为空间载体提升区域协调发展能力

全球化的世界，你中有我、我中有你，任何一个国家都不可能关起门来搞现代化建设，中国更不能通过重回"闭关锁国"的老路来实现现代化。从国内来看，在我国属地管理体制与现行的市管县体制下，地区经济发展往往具有行政区经济特征，从而形成一种"块块分割"（刘君德等，1999）。这种行政区经济很容易演化成为地方本位主义和保护主义，制约要素的跨区域流动，并对资源要素的配置形成一定程度的扭曲。因此，推动城市群建设的核心要义之一在于打破内外分割，提升城市群对内对外一体化水平。我国城市群发展要做到"两个开放"：一是内部各城市地区之间的开放，打破行政区划界线的束缚，推动跨区域空间要素的分工整合，提升区域整体竞争能力；二是对外部地区的开放，借助全球生产网络融入全球经济贸易体系，将城市群打造成为高端开放平台，加大"引进来"力度，促进全世界更多高端人才、资本、科技机构与跨国企业落户，将本地区打造成为全球高端要素最为密集的地区。主动

"走出去",推动本地企业融入全球化进程,在世界主要地区设立分支机构,将本区域的商品与服务销售到世界各地,提升全球竞争优势。综合来看,就是将城市群建设成为联系国内市场与国际市场的枢纽与国内外各种要素和信息的汇集地,进而提升中国城市群对全球资源的配置能力。

第二章

开放条件下城市群的形成机制、内部分工与功能演化

贸易自由化与便利化正促进着产业区位的改变，对于要素流入区而言，意味着就业的增加、投资的增加、工业化进程的加快、产品市场的丰富、经济的增长和居民收入的提高等；而对要素流失区则有可能出现相反的状况。在全球新一轮贸易自由化发展背景下，作为国家或区域最重要的核心发展载体的城市群，其要素集聚的机制是什么？国家对外贸易成本、国内地区间贸易成本变化对城市要素集聚会产生什么影响？城市应该选择什么样的发展战略才能确保在区域经济一体化进程中不被边缘化？这些问题都需要在理论与实践中进行探索。本书以新经济地理学理论为基础，探讨国家对外与国家内部双重贸易成本变化条件下的要素集聚机制，以及不同层次要素的匹配机制与城市功能分布机制，为我国世界级城市群的形成机制提供一个系统性的分析框架。

第一节　开放条件下城市群的形成机制

从新经济地理的视角来看，区域一体化程度的高低取决于区域间冰

山贸易成本。区际冰山贸易成本过高不利于区域间一体化的形成，反之则有助于推动区域间一体化的实现。影响冰山贸易成本的因素主要有两个：一是区际之间有形的交流成本，如交通运输成本、关税等；二是区际间无形的交流成本，如制度壁垒、技术壁垒、环境壁垒等。经济全球化不仅推动了更为紧密的区域经济一体化进程，交通和通信技术的发展也扩展了城市之间的相互联系水平。针对国家对外贸易成本与国内区际贸易成本变化对要素区位选择的影响，国外研究主要集中在三区域空间经济分析模型之上，即假设有三个区域，一个为国外地区，两个为国内地区，每个区域或者有农业和工业两个部门，或仅有单一某个部门。受国内地区与国外地区贸易成本及国内两个地区之间贸易成本变化以及三个地区规模影响，要素在国内两个地区之间有着不同的流动集聚机制。从目前的国内外理论文献来看，主要集中在国际贸易成本变化与区域（或城市）集中度的关系上。

国家对外贸易成本下降推动要素空间集中。亨德森（Henderson，1982）研究发现，在完全竞争与外部规模经济条件下，大型城市对产业实施保护措施，会提升城市的集中度，扩大城市的规模。在完全竞争条件下，劳赫（Rauch，1991）研究得出，在一个自给自足的均衡经济体中，城市的位置是无关紧要的，其结果是所有的城市都是相等的规模。当对外贸易成本处于中等水平的时候，边境城市或港口城市会比内陆城市的规模大。进一步的贸易自由化（成本下降）将导致要素和资源向边境货港口城市集中。在空间经济学模型中，在垄断竞争和规模经济内生化的框架下，基于集聚力与分散力的引入，贸易自由化会或多或少地影响着城市的集中度。艾莉森达·帕鲁齐（Elisenda Paluzie，2001）提供了一个标准的两部门三地区中心—外围模型，在国内劳动力可以自由流动的前提下，基于规模经济、市场规模和运输成本的交互作用，对外贸易成本的降低会增强国内较大地区的集聚力，导致国内地区空间发展不平衡。奥尔加·阿隆索－维拉尔（Olga Alonso-Villar，2001），布鲁哈特等（Brulhart，2004），弗吕格（Pfluger，2004），卡门利多等（Commendatore et al.，2014）以及黄玖立（2009）、王和曾（2013）、梁柱（2014）均得出了类似的观点。例如，王和曾（Wang and Zheng，2013）通过对克鲁格曼（1991）模型进行扩展得出两个结论：一是在国内地区间贸易成本较高的情况下，国家对外贸易成本的提升，将推动人口、企业向沿海门户地区高度集中；二是在较低的国家对外贸易成本与较低的国内地区间贸易成本条件下，也就是在国家完全融入全球市场与地区经济一体化程度较高的情况下，内陆地区在制造业上所占的份额将比沿海地区更大。奥尔加·阿隆索－维拉尔（2001）、布鲁哈特等（2004）、弗吕格（2004）在国外市场规模与国内集聚的关系上研究得出，在既定的贸易成本下，如果国外的市场规模比国内市场更大的话，国内的工业倾向于向一个地区集聚，国外规模的大小决定着产业在国内两区域上是分散还是集中。

对外贸易成本降低推动国内要素分散。汉森（1993）以墨西哥为例研究指出，国家层面的区域优惠贸易协定（美国、墨西哥、加拿大三国签署的《北美自由贸易协定》）推动产业由墨西哥城向墨西哥国家边境地区扩散。克鲁格曼和利瓦斯（Krugman and Livas, 1996）提出了单一产业的三区域模型，随着国家对外冰山贸易成本的大幅下降，国内两个地区产业在空间上的分布逐渐均等化，规模较大地区的人口和产业会向规模较小的地区转移，但两地区的产业会更加专业化。阿迪斯和格莱泽（Ades and Glaeser, 1995）从85个国家样本中分析发现，一个国家最大城市的人口与关税壁垒呈正向关系，即随着关税壁垒的降低，人口呈现分散化倾向。卡拉亚辛和伊尔马兹库迪（Karayalcin and Yilmazkuday, 2014）使用新的关税措施分类方法并对沿海港口类特大城市拥有更容易进入外部市场这一便利条件进行控制，结果发现国际贸易成本的提升将导致国内城市集中度的降低。

贝伦斯（Behrens, 2007）分析了两类分散力。第一类分散力量基于对一些工人（农民）跨区域不流动的假定，催使企业向外扩散以接近市场（农民或工人），避免食品或工业产品的长距离运输费用。第二类分散力基于对当地竞争程度的假设，企业更愿意摊开空间，以避免由于企业高度集中带来的利润的减少。此外，本书认为还应包括第三种分散力，即城市因人口过多、交通拥挤、地租上升而产生的拥挤成本。布鲁哈特等（2001）将劳动力跨区域互不流动下的本土市场效应作为分散力，暗含将一个较大区域作为研究对象，较大的区域能够将城市的拥挤成本进行内部化。[①] 因此在上述模型中，并没有将某一城市区域内因人口过多而产生的拥挤成本纳入分析框架，进而得出了要素为接近市场而进行空间集中的结论。而克鲁格曼和利瓦斯（1996）、奥尔加·阿隆索－维拉尔等（2001）在以发展中国家的特大城市和单一垄断竞争行业为研究对象的文献中，由于忽略了城市间不流动要素的存在，得出了"当国家对外贸易成本较低时，一个城市的全部产业与人口向另一个城市完全集中；而国家对外贸易成本较高时，人口、产业对称分散"的观点。本章假设人口能够以跨区域流动为前提条件，以迪克西特—斯蒂格利茨模型（DS）框架为基础，运用动态演化和数值模拟技术对国家对外贸易成本和内部两地区间贸易成本变化下的空间演化进行分析。

一、DS 模型框架

假设一地区存在两个部门，一个为完全竞争部门，另一个为垄断竞争部门，在 DS 框架中，往往将完全竞争部门假定为农业部门或传统部门，将垄断竞争部门假定为制造业部门或现代部门。[②]

（一）消费者行为

在消费者行为上，对于完全竞争与垄断竞争两大部门而言，消费者是具有相同的效用偏好的，并遵从柯布—道格拉斯函数形式：

$$U = M^\mu A^{1-\mu} \tag{2.1}$$

其中，M 为垄断竞争部门的消费量指数，A 为完全竞争部门的消费量指数，

[①] 在一个大的区域中，交通与地租成本往往可以内部化，如假设中心城市基于拥挤成本较高，要素会向周边城市分散，因为这些城市的拥挤成本更低，但其流动的空间仍处于整个区域之中。以一些工人（农民）跨区域不流动的假定为前提，不符合大城市与其邻近周边区域要素流动的现实，而符合大区域之间的基本情况，如较大区域之间因为运输成本较高而人口转移相对较小，企业转移主要基于运输费用和市场的考虑。

[②] 关于 DS 模型，克鲁格曼（1975，1980，1991）等文献中均有详细表述。本书主要参考藤田昌久等所著《空间经济学——城市、区域与国际贸易》（梁琦翻译，中国人民大学出版社 1999 年版，第 35～44 页）的表述。后面对其进行了改动。

μ 为垄断竞争部门的支出占收入的份额。M 的函数形式为：

$$M = \left[\int_0^n m(i)^\rho\right]^{1/\rho}, \; 0 < \rho < 1 \tag{2.2}$$

其中，$m(i)$ 为某种垄断竞争产品的消费数量，n 为其种类数量，ρ 为消费者产品多样化偏好，σ 为任意两种垄断竞争部门产品的替代弹性。

假定收入为 Y，p^A 与 $p(i)$ 分别为两个部门的产品价格，则有：

$$p^A + \int_0^n p(i)m(i)\,\mathrm{d}i = Y \tag{2.3}$$

按照两步法，第一步：

$$\min \int_0^n p(i)m(i)\,\mathrm{d}i \quad \text{s. t.} \quad \left[\int_0^n m(i)^\rho \mathrm{d}i\right]^{1/\rho} = M \tag{2.4}$$

解这个最小化问题，得到：

$$m(j) = \frac{p(j)^{1/(\rho-1)}}{\left[\int_0^n p(i)^{\rho/(\rho-1)} \mathrm{d}i\right]^{1/\rho}} M \tag{2.5}$$

利用式（2.5）对 j 求定积分，得到：

$$\int_0^n p(i)^{\rho/(\rho-1)} \mathrm{d}i = \left[\int_0^n p(i)^{\rho/(\rho-1)} \mathrm{d}i\right]^{(\rho-1)/\rho} M \tag{2.6}$$

将式（2.6）中 $\left[\int_0^n p(i)^{\rho/(\rho-1)} \mathrm{d}i\right]^{(\rho-1)/\rho}$ 定义为价格指数，得到：

$$P \equiv \left[\int_0^n p(i)^{\rho/(\rho-1)} \mathrm{d}i\right]^{(\rho-1)/\rho} = \left[\int_0^n p(i)^{1-\sigma} \mathrm{d}i\right]^{1/(1-\sigma)} \tag{2.7}$$

其中，$\sigma \equiv \rho/(1-\rho)$ 或者 $\rho \equiv (\sigma-1)/\sigma$。$P$ 是购买一单位垄断竞争品组合的最小成本，将式（2.7）代入式（2.5），可以将 $m(i)$ 的表达式更改为：

$$m(j) = \left(\frac{p(j)}{P}\right)^{1/(\rho-1)} M = \left(\frac{p(j)}{P}\right)^{-\sigma} M \tag{2.8}$$

第二步解决总收入在完全竞争和垄断竞争产品之间的收入分配问题，使：

$$\max U = M^\mu A^{1-\mu} \quad \text{s. t.} \quad PM + p^A A = Y \tag{2.9}$$

对于农产品有：

$$A = (1-\mu)Y/p^A \tag{2.10}$$

对于每种制成品有：

$$m(j) = \mu Y \frac{p(j)^{-\sigma}}{P^{-(\sigma-1)}}, \; j \in [0, n] \tag{2.11}$$

保持 P 为常数的话，那么每种可得种类制成品的需求价格弹性为常数且为 σ。

由式（2.9）、式（2.10）、式（2.11）得间接效用函数为：

$$U = \mu^{\mu}(1-\mu)YP^{-\mu}(p^A)^{-(1-\mu)} \tag{2.12}$$

其中，$P^{-\mu}(p^A)^{-(1-\mu)}$ 为生活费用指数。可以看出，产品销售数量的增长与价值指数成反比例关系。当全部可得到的垄断竞争产品的价格的时候：

$$P = \left[\int_0^n p(i)^{1-\sigma}di\right]1/(1-\sigma) = p^M n^{1/(1-\sigma)} \tag{2.13}$$

可以发现，替代弹性 σ 越低，产品差异性越大，n 增加引起 P 下降的幅度也越大。

（二）贸易的成本

在跨地区贸易成本上，本书也按照新经济地理学的通行做法，选择冯·杜能和萨缪尔森的"冰山成本"来进行衡量，即一单位产品从 r 运送到 s 仅有 $\dfrac{1}{T_{rs}}$ 能够到达，冰山成本作为广义上的贸易成本，既包含区域间的纯运输成本，也包括各种有形和无形的贸易成本，如地方保护、关税壁垒、配额、绿色壁垒、进出口限制与技术壁垒等。在冰山成本下，如果在生产地 r 的销售价格为 p_r^M，运送到消费地 s 的交货价（到岸价）p_{rs}^M 为：$p_{rs}^M = p_r^M T_{rs}$。不同区域之间的产品价格 P 是不同的，可以将某一地区 s 的价格指数表示为 P_s，因此，可以将式（2.7）写为：

$$P_s = \left[\sum_{r=1}^R n_r (p_r^M T_{rs})^{1-\sigma}\right]^{1/(1-\sigma)}, \quad s = 1,\cdots,R \tag{2.14}$$

进而通过式（2.11）可以得出，s 地区对 r 地区生产垄断竞争性产品的消费需求为：

$$\mu Y_s (p_r^M T_{rs})^{-\sigma} P_s^{(\sigma-1)} \tag{2.15}$$

地区 r 该类垄断竞争产品的总销售量为：

$$q_r^M = \mu \sum_{s=1}^R Y_s (p_r^M T_{rs})^{-\sigma} P_s^{(\sigma-1)} T_{rs} \tag{2.16}$$

从式（2.16）可以看出，q 取决于 Y、P、T_{rs}。

（三）生产者行为

由于完全竞争部门规模收益不变，而垄断竞争部门遵从规模经济，则有垄断竞争部门的一单位产品的生产投入公式为：

$$l^M = F + c_M q^M \tag{2.17}$$

其中，l^M 为劳动投入，F 为固定资产投入，c_M 为边际投入。假定生产中仅有一种投入要素劳动以及每一厂商生产的产品不同，则产品数量可以代表厂商数量。

位于区域 r 的某一厂商生产的利润函数为：

$$\pi_r = p_r^M q_r^M - w_r^M (F + c_M q^M) \tag{2.18}$$

其中，w_r^M 为工资。在 P_s 一定的条件下，需求弹性为 σ，则利润最大化模式下 r 地区生产的产品种类为：

$$p_r^M (1 - 1/\sigma) = c_M w_r^M \tag{2.19}$$

厂商的利润为：

$$\pi_r = w_r^M \left[\frac{c_M q^M}{\sigma - 1} - F \right] \tag{2.20}$$

均衡产出为：

$$q^* \equiv F(\sigma - 1)/c_M \tag{2.21}$$

劳动力投入为：

$$l^* \equiv F + c_M q^* = F\sigma \tag{2.22}$$

假定 L_r^M 为 r 地区的垄断竞争部门劳动力数量，n_r 为 r 地区垄断竞争部门厂商数量，则有：

$$n_r = L_r^M / l^* = L_r^M / F\sigma \tag{2.23}$$

这样在上述公式中，市场规模便等同于垄断竞争部门厂商之数量。

（四）垄断竞争部门工资

根据需求函数式（2.16），区域 r 的厂商在零利润下的产量水平为：

$$q^* = \mu \sum_{s=1}^{R} Y_s (p_r^M)^{-\sigma} P_s^{(\sigma-1)} T_{rs}^{(1-\sigma)} \tag{2.24}$$

变形后可得：

$$(p_r^M)^\sigma = \frac{\mu}{q^*} \sum_{s=1}^{R} Y_s P_s^{(\sigma-1)} T_{rs}^{(1-\sigma)} \tag{2.25}$$

根据式（2.19）的定价法可将式（2.26）变形为：

$$w_r^M = \left(\frac{\sigma-1}{\sigma c_M}\right)\left[\frac{\mu}{q^*}\sum_{s=1}^{R} Y_s P_s^{(\sigma-1)} T_{rs}^{(1-\sigma)}\right]^{1/\sigma} \tag{2.26}$$

从式（2.26）中可以看出，W 大小取决于 Y、P、T_{rs}。W 与 T_{rs} 成反比例关系。

将名义收入除以生活费用指数 $P^{-\sigma}(p^A)^{-(1-\mu)}P^{-\mu}(p^A)^{-(1-\mu)}$ 可以得到实际收入。则 ω_r^M 为：

$$\omega_r^M = w_r^M P_r^{-\mu}(p^A)^{-(1-\mu)} \tag{2.27}$$

选择单位要素使边际劳动需求满足：

$$c_M = \frac{\sigma-1}{\sigma} = \rho \tag{2.28}$$

则定价方程转变为：

$$p_r^M = w_r^M$$

同时，产量方程变为：

$$q^* = l^* \tag{2.29}$$

式（2.23）变为：

$$n_r = \frac{L_r^M}{\mu} \tag{2.30}$$

产出水平变为：

$$q^* = l^* = \mu \tag{2.31}$$

价格指数变为：

$$P_r = \left[\sum_{s=1}^{R} n_s (p_s^M T_{sr})^{(1-\sigma)}\right]^{1/(1-\sigma)} = \left[\frac{1}{\mu}\sum_{s=1}^{R} L_s^M (w_s^M T_{sr})^{(1-\sigma)}\right]^{1/(1-\sigma)} \tag{2.32}$$

工资公式变为：

$$w_r^M = \left(\frac{\sigma-1}{\sigma c_M}\right)\left[\frac{\mu}{q^*}\sum_{s=1}^{R} Y_s P_s^{(\sigma-1)} T_{rs}^{(1-\sigma)}\right]^{1/\sigma} = \left[\sum_{s=1}^{R} Y_s P_s^{(\sigma-1)} T_{rs}^{(1-\sigma)}\right]^{1/\sigma} \tag{2.33}$$

二、三区域模型

借鉴上面迪克西特－斯蒂格利茨（DS）框架，本书以三个区域为研究对象，其中两个区域是一个发展中国家内部的区域，分别为区域1和区域2，第三个区域为除该国以外的世界其他地区，我们称其为区域0。假定在区域1和区域2分别存在两个部门，一个是传统部门即农业部门，另一个为垄断竞争部门即制造业部门，农业处于完全竞争状态，制造业处于垄断竞争状态。两个部门仅使用一个要素劳动，可以在一国内部自由流动，但不能跨国流动。

（一）模型的变量设定

在劳动力的分布上，国外地区的劳动力设为 L_0，L_{0M} 制造业劳动力和 L_{0A} 农业劳动力均为外生变量。国内两区域劳动力总和为 L（本书将其标准化为1），其中制造业的劳动力总量为 $L_M = \mu L$，农业劳动力总量为 $L_A = (1-\mu)L$，两者的和为：$L = L_M + L_A$。

区域1与区域2的工业劳动力为：

$$L_{1M} = \lambda L_M = \lambda \mu, \quad L_{2M} = (1-\lambda)L_M = (1-\lambda)\mu \tag{2.34}$$

区域1与区域2的农业劳动力分别为：

$$L_{1A} = \theta L_A, \quad L_{2A} = (1-\theta)L_A \tag{2.35}$$

三个地区之间可以进行相互贸易，假定在农产品的贸易过程中不存在贸易成本，而且农产品是在规模收益不变的情况下进行生产，所以各地区农民的工资水平均相等。工业品在各个地区内部进行流动不存在贸易成本，但是在不同的地区间进行流动的时候则存在贸易成本。

（二）模型的均衡条件

1. 短期均衡

短期均衡为区域内要素来不及根据区域间收入差距变化而进行跨区域调整的市场出清条件，包括劳动市场出清和产品市场出清。短期均衡由三个区域的 12 个方程式组成，决定了短期各区域的收入、消费价格指数和工人的名义工资与实际工资。

各地区的收入为农业和制造业部门收入的总和，分别为各部门的劳动力数量与各部门的工资：$Y_r = w_r^A L_{rA} + w_r^M L_{rM}$。根据 DS 垄断竞争框架的基本假设，农产品为完全竞争产品，假设在三个区域之间流动不需要成本，因此，三个地区农民的工资具有一致性；假设以各地区农民工的工资作为计量标准，$w_r^A = 1$。本书假设国内的人口总数为 1，农业劳动力在区域 1 和区域 2 之间均匀分布，即：

$$\theta = \frac{1}{2}$$

$$Y_0 = w_0^M L_0 \tag{2.36}$$

$$Y_1 = w_1^M \mu \lambda_1 + w_1^A (1 - \mu)/2 \tag{2.37}$$

$$Y_2 = w_2^M \mu \lambda_2 + w_2^A (1 - \mu)/2 \tag{2.38}$$

其中，$w_1^A = w_2^A = 1$。

由式（2.32）可得，各地区的价格指数方程为：

$$P_0 = \left[L_0 (w_0^M)^{1-\sigma} + \lambda_1 (w_1^M T_{01})^{1-\sigma} + \lambda_2 (w_2^M T_{02})^{1-\sigma} \right]^{1/(1-\sigma)} \tag{2.39}$$

$$P_1 = \left[L_0 (w_0^M T_{01})^{1-\sigma} + \lambda_1 (w_1^M)^{1-\sigma} + \lambda_2 (w_2^M T_{12})^{1-\sigma} \right]^{1/(1-\sigma)} \tag{2.40}$$

$$P_2 = \left[L_0 (w_0^M T_{12})^{1-\sigma} + \lambda_1 (w_1^M T_{12})^{1-\sigma} + \lambda_2 (w_2^M)^{1-\sigma} \right]^{1/(1-\sigma)} \tag{2.41}$$

根据式（2.39）、式（2.40）、式（2.41）可以看出，一个区域的厂商数目越多，集聚程度越高，跨地区的冰山贸易成本则越低，则本地的价格指数则越高。

由式（2.33）可得，各地区名义工资方程为：

$$w_0^M = \left[Y_0 P_0^{\sigma-1} + Y_1 P_1^{\sigma-1} T_{01}^{1-\sigma} + Y_2 P_2^{\sigma-1} T_{02}^{1-\sigma} \right]^{1/\sigma} \tag{2.42}$$

$$w_1^M = \left[Y_0 P_0^{\sigma-1} T_{01}^{1-\sigma} + Y_1 P_1^{\sigma-1} + Y_2 P_2^{\sigma-1} T_{12}^{1-\sigma} \right]^{1/\sigma} \tag{2.43}$$

$$w_2^M = \left[Y_0 P_0^{\sigma-1} T_{02}^{1-\sigma} + Y_1 P_1^{\sigma-1} T_{12}^{1-\sigma} + Y_2 P_2^{\sigma-1} \right]^{1/\sigma} \tag{2.44}$$

显然，在假定各区域的价格指数不变的前提下，如果某区域收入较高，则这一地区的名义工资率将较高。原因在于企业能够接近较大市场，从而能够负担起较高的工资。这就是所谓的后向联系机制，也称为需求效应。

在各地农产品价格为 1 的假设条件下，不考虑拥挤成本，各地区制造业的实际工资为：

$$\omega_1^M = w_1^M P_1^{-\mu}, \quad \omega_2^M = w_2^M P_2^{-\mu} \tag{2.45}$$

在考虑城市的拥挤成本下，我们假设实际工资与拥挤成本之间存在线性关系，城市人口、产业份额的增加将导致实际收入的减少，因此拥挤成本在模型中将作为一种分散力发挥作用。即：

$$\omega_1^M = w_1^M P_1^{-\mu} - \delta\lambda_1, \quad \omega_2^M = w_2^M P_2^{-\mu} - \delta\lambda_2 \tag{2.46}$$

2. 长期均衡

在短期均衡中，我们假定国内两个地区之间的劳动力分布状况不发生变动，将两地区制造业劳动力的占比视为既定的。但是，在长期均衡中，某些外生冲击会使得制造业工人的空间分布发生变动，并使得其他一系列相关变量发生改变。长期来看，工人的空间迁徙由各地区的相对实际工资率决定，同时，由于假定工人均能够实现充分就业，各地区拥有的工人数量即等于地区内各企业雇佣的工人数量，所以工人的空间分布决定了企业的空间分布状态。由此，工人的空间流动方程表示为：

$$\dot{\lambda}_{1or2} = \gamma(\omega_1^M / \omega_2^M) \tag{2.47}$$

其中，λ 为国内区域 1 和区域 2 工人人数的相对比值，γ 为劳动力流动的系数通常设为 1。当 $\dot{\lambda}_{1or2} = 0$ 的时候，表明两个地区之间不存在工人的迁徙和流动，此时达到长期的均衡状态。从该流动方程中我们可以发现有两种类型的长期均衡，一种为内点解，即在 $0 < \lambda < 1$ 的区间内的解，此时各地区工人的实际工资水平相等；另一种为角点解，即 $\lambda = 1$ 或 $\lambda = 0$，这是一种极端的状态，此时工人全部集中于一个地区。下面我们将以克鲁格曼（1991，1999）提出的本地市场效应、生活成本效应与市场拥挤效应为基础，分析两地实际工资变化情况下工人在城市间的集中状况。

长期均衡的结果取决于本地市场、生活成本与市场拥挤效应三种机制（见图 2 - 1、图 2 - 2、图 2 - 3），当集聚力与分散力相互抵消时，劳动力市场和产品市场才能够形成长期均衡，否则形成的均衡仅是局部均衡，具有非稳定性。克鲁格曼（1991）将要素禀赋、市场规模等自然赋予的、外生给定的经济发展先天条件称为区位的"第一性质"决定因素，把经济主体的市场行为和相互作用对产业区位的影响称为产业区位的"第二性质"决定因素。本书首先着眼于对"第二性质"这一决定因素的分析；其次将对先天条件形成的"第二性质"决定因素进行系统分析。

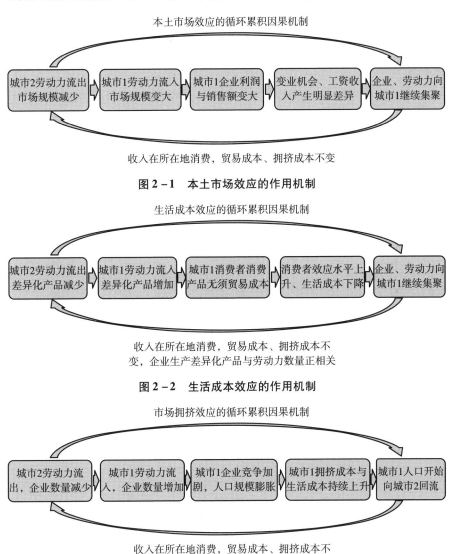

图2-1　本土市场效应的作用机制

图2-2　生活成本效应的作用机制

图2-3　市场拥挤效应的作用机制

三、数值模拟

（一）对外开放程度变化与同质化城市

在国际贸易自由化与一国内部区域或城市之间的人口、产业集聚模型中，对全球化与区域经济一体化程度的衡量主要使用冰山成本形式的贸易成本（或贸易自由度）作为主要测算尺度。地理位置与开放的先后次序意味着国内两区域之间在对外贸易中不存在相对的区位优势（即 $T_{01} = T_{02} = T_0$）。我们首先分析劳动力在三区域均匀分布的情形下外生变量因素冲击对区域所造成的影响。在工业经济时代，我们假定工人的比重或对制成品的支出份额高于农民（有效农民）或农业产品上的支出份额，令 $\mu = 0.8$，国外的市场规模为 $L_0 = 2$，也为国外的制成品工人总数。国内两个城市间的一体化成本较低，为 $T = T_{12} = 1.1$。通过数值模拟，[①] 得到以下结论。

---

① >> mu = 0.8；L0 = 2；sigma = 5；T = 1.1；T01 = 2.25；T02 = 2.25；for m = 1：1：101；a = linspace(0,1,101)；

lambda1(m) = 1 * a(m)；lambda2(m) = 1 - lambda1(m)；W0(m,1) = 1；W1(m,1) = 1；W2(m,1) = 1；for n = 2：1：1000；

Y0(m,n) = L0 * W0(m,n - 1)；Y1(m,n) = lambda1(m) * mu * W1(m,n - 1) + (1 - mu)/2；Y2(m,n) = lambda2(m) * mu * W2(m,n - 1) + (1 - mu)/2；

P0(m,n) = (L0 * (W0(m,n - 1))^(1 - sigma) + lambda1(m) * (W1(m,n - 1) * T01)^(1 - sigma) + lambda2(m) * (W2(m,n - 1) * T02)^(1 - sigma))^(1/(1 - sigma))；

P1(m,n) = (L0 * (W0(m,n - 1) * T01)^(1 - sigma) + lambda1(m) * (W1(m,n - 1))^(1 - sigma) + lambda2(m) * (W2(m,n - 1) * T)^(1 - sigma))^(1/(1 - sigma))；

P2(m,n) = (L0 * (W0(m,n - 1) * T02)^(1 - sigma) + lambda1(m) * (W1(m,n - 1) * T)^(1 - sigma) + lambda2(m) * (W2(m,n - 1))^(1 - sigma))^(1/(1 - sigma))；

W0(m,n) = (Y0(m,n) * P0(m,n)^(sigma - 1) + Y1(m,n) * (P1(m,n)/T01)^(sigma - 1) + Y2(m,n) * (P2(m,n)/T02)^(sigma - 1))^(1/sigma)；

W1(m,n) = (Y0(m,n) * (P0(m,n)/T01)^(sigma - 1) + Y1(m,n) * P1(m,n)^(sigma - 1) + Y2(m,n) * (P2(m,n)/T)^(sigma - 1))^(1/sigma)；

W2(m,n) = (Y0(m,n) * (P0(m,n)/T02)^(sigma - 1) + Y1(m,n) * (P1(m,n)/T)^(sigma - 1) + Y2(m,n) * P2(m,n)^(sigma - 1))^(1/sigma)；

if(abs(W0(m,n) - W0(m,n - 1))/W0(m,n - 1) > 0.00001 & abs(W1(m,n) - W1(m,n - 1))/W1(m,n - 1) > 0.00001 & abs(W2(m,n) - W2(m,n - 1))/W2(m,n - 1) > 0.00001)；W0(m,n + 1) = W0(m,n)；W1(m,n + 1) = W1(m,n)；W2(m,n + 1) = W2(m,n)；

else

end

end

w1(m) = W1(m,1000) * P1(m,1000)^(- mu) - lambda1(m) * 0.1；w2(m) = W2(m,1000) * P2(m,1000)^(- mu) - (1 - lambda1(m)) * 0.1；ratio(m) = w1(m)/w2(m)；

lambda(m) = lambda1(m)/(lambda1(m) + lambda2(m))；

end

plot(lambda,ratio,' - ')；

xlabel('城市 1 制造业人口比重')；

ylabel('城市 1 与城市 2 制造业实际工资比率')。

参考此程序，对数据进行变换，可以得到书中模拟部分的全部结果。

1. 对外开放程度较低

首先，假定经济处在一个较为封闭的状态，$T_{01}=T_{02}=2.25$，同时我们假定拥挤指数 δ 为 $\delta=0.1$，通过数值模拟得到图 2-4，从中可以看出，在封闭经济下，城市 1 实际工资与城市 1 的人口比重的关系为向右上方倾斜的曲线，有 A、B、C 三个均衡点，在均衡点 A 和 C 处，分别形成以城市 1 和城市 2 为核心的中心外围结构，而在 B 点形成对称分布的空间结构，城市 1 和城市 2 制造业人口占比分别为 0.5，但该点 B 并不是稳定均衡点，因为在 B 点，该曲线斜率为正数，而实际工资比率为 1，即实际工资差异为 0，意味着只要城市 1 的制造业劳动力份额稍微进行变动，则实际工资比率就会大于 1，进而导致人口开始向城市 1 转移，直到所有制造业劳动力都集聚到城市 1 为止，此时经济系统在 C 点达到均衡。也就是说，当存在对外经济联系时，无论对外贸易成本高低，人口移动趋势都将因为开放而进一步强化，固有的对称结构并不稳定。同时，在 C 点处（城市 1 为中心的中心外围结构）的实际工资比率大于 1，即实际工资差额为正，因此 C 点是很稳固的。同样，在 B 点左侧，城市 1 的工资低于城市 2 的工资，

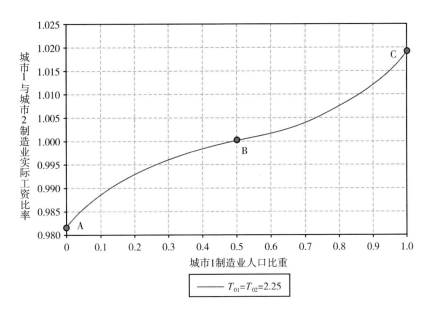

图 2-4　封闭条件下城市间制造业的集聚与扩散

注：需要说明的是由于在 matalab 编程中只能将 $T_{01}=T01$，matlab 示意图中有差别。下同。

工人从城市 1 向城市 2 的人口移动，在 A 点处于稳定状态，城市 2 变为中心外围结构中的中心区。从图 2-4 可以看出，国家只要参与全球经济一体化进程，国内原有的均衡城市布局将会被打破，某一城市将成为区域的中心城市。

在这一阶段，是什么要素优先向城市 1 迁移呢？我们知道，城市 1 与城市 2 之间也存在贸易成本，从城市 2 流向城市 1 的劳动力，首先需要克服的是城市之间的贸易成本，这些贸易成本可以包含城市 2 劳动力到城市 1 的运输成本，住房成本与找工作的成本等。城市 2 的外迁劳动力比停留在原地的劳动力更能承受迁移的成本，即向外迁移的劳动力素质及能力相比未流动的劳动力而言更为优质。优质要素向城市 1 的转移，将提升城市 1 的集聚效应，提升城市 1 的人口规模、产业层次与创新水平。

2. 中等程度对外开放

如图 2-5 所示，图中共有 7 个均衡点。其中，A、D、G 三点为稳定均衡点，而 B、C、E、F 四点为非均衡点。诚如上面所分析的，在 A、G 两点分别形成以城市 2 与城市 1 为中心区的中心外围结构，而在 D 点形成对称分布的稳态均衡结构。因为在 D 点，两城市实际工资比率为 1，差额

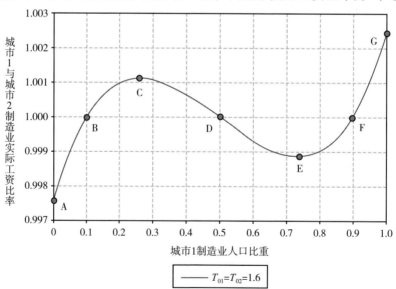

图 2-5 中度开放下城市间制造业的集聚与扩散

为 0，斜率为负，即无论是制造业人口份额向均衡点左侧移动或右侧移动，负的斜率均能将其拉回均衡点 D。B、F 两点的非均衡原因，诚如上面对图 2 - 4 中对 B 点的分析，原因不再赘述。而在图 2 - 4 中的 C、E 两点，两城市实际工资比率曲线的斜率为 0，但是城市 1 的工资却高于城市 2，说明城市 2 的人口会继续向城市 1 进行迁移，而 E 点的情况刚好与 C 点相反，故也为非稳定均衡点。图 2 - 5 说明，在国家中等参与全球化的前提下，在某一点上，由外部贸易成本所形成的集聚力与国内城市间因地区贸易成本、拥挤成本而形成的分散力相比，可能略显不足或仅持平，而不能动摇国内城市间原有的空间对称分布结构。

3. 对外开放程度较高

当经济开放度较高的时候，从图 2 - 6 可以看出，中间点 B 为稳定的对称均衡点，在该点，城市 1 与城市 2 实际工资比率曲线的斜率为负数，两个城市的实际工资比率为 1，制造业份额分别为 1/2。如果城市 1 制造业劳动力份额稍有提高，则实际工资差异立刻变为负数，自我调整过程开始，并使制造业劳动力开始向城市 2 迁移。因此，B 点为稳定均衡点。根据人口迁移方程，中心外围结构在 A 点和 C 点也为均衡点。但是，在 A 点和 C 点，两城市间的实际工资比率分别高于 1 或低于 1，在此情况下，劳

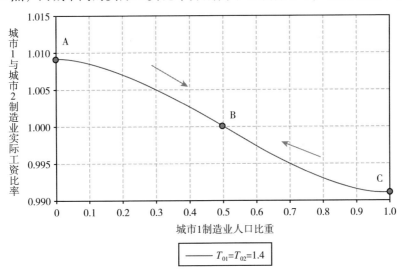

图 2 - 6　开放条件下城市间制造业的集聚与扩散

动力必然在两城市之间进行流动，直到达到对称均衡点 B 为止。因此，从图 2-6 中我们可以看出，随着国家对外开放与参与全球经济一体化程度的提高，国内城市间在空间上的差异能够有效缩小，促使人口和产业在国内城市间趋向均衡分布状态。

在这一阶段，由城市 1 向城市 2 回流的劳动力与原先由城市 2 迁往城市 1 的劳动力是否相同呢？我们知道产业人口向城市 1 的集聚，将提升城市 1 的生活成本效应与市场拥挤效应。当城市 1 的高生活成本与市场拥挤成本大于两城市之间的贸易成本的时候，因本地市场效应引发的从城市 2 向城市 1 的迁移将会停止，那些最先难以承受城市 1 高生活成本与高市场拥挤成本的人群，将首先从城市 1 向城市 2 进行回流。回流的过程中，虽然使外围地区城市 2 能够通过承接产业人口的回流而形成增长极，并在一定程度上复制中心区城市 1 所经历的要素集聚与产业发展的互动过程，但相比城市 1 而言，城市 2 的人才层次与产业层次均将低于城市 1，由此造成城市之间的能级差别。这一点为普夏和维纳布尔斯（1996）以及藤田昌久和克鲁格曼等（1999）的多国多产业模型对这一问题的理论机制所阐明。[①] 中心地区产业的扩散，使外围地区能够通过承接产业转移发展制造业及相关服务业，增强城市经济发展的基础，最终形成了总部—制造基地的空间分工模式。

（二）区际贸易成本变化与同质化城市

在前面的分析中，我们假定国内区域间的贸易成本较低。但地方保护等制度性因素和区域间陈旧的交通体系，可能会加大国内城市之间的贸易成本，导致城市群一体化水平较低。

---

① 产业由一个核心地区向多个外围地区进行扩散时，一般是依次扩散。劳动密集度高的产业、消费指向的产业、中间品投入需求较低的产业首先从现存集聚经济体中转移出去，而处于中游和下游的产业在上游产业开始扩散后，也开始加快速度进行扩散，而关联度最强的产业虽然转移时间最晚，但由于很强的前后向联系，其扩散时速度也最快。从产业自身的属性来看，劳动密集型产业中，消费指向产业和中间品投入较少的产业如传统纺织业、轻工业等具有标准化和流水化作业的产业多属于制造业产业，而生产性服务业如研发设计与市场营销等则一般处于上游和下游。参见藤田和克鲁格曼的《空间经济学：城市、区域与国际贸易》一书。

1. 区际贸易成本略微上升

图 2-6 所描述的是在国际贸易成本较高的状况下，国内城市间贸易成本上升对两城市间人口、产业对称分布的冲击。从图 2-7 可以看出，在既定的较高对外开放程度下，国内城市间贸易成本的上升促使城市间实际工资比率曲线下移，曲线斜率的降低，使城市间的人口、产业的对称分布均衡开始动摇。

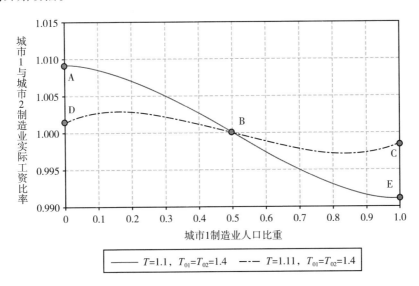

图 2-7　开放条件下国内城市间贸易成本上升与制造业空间分布

2. 区际贸易成本中等上升

随着国内城市间贸易成本的上升，国内两城市间原有的人口、产业分布也开始进入不稳定状态，诚如图 2-5 所示的分析过程，在图 2-8 中，A 点、C 点和 E 点为稳定均衡点，而 B 点和 D 点为不稳定均衡点，原因如上文对不均衡点的分析。在实际工资略有差异的情况下，人口和产业会继续在城市 1 和城市 2 之间进行流动，直至达到 A 点、E 点和 C 点，在 A 点和 E 点，两城市形成以城市 2 与城市 1 为核心区的中心外围结构；而在 C 点则形成两城市人口、产业的对称分布。如图 2-8 所示，随着国内城市间贸易成本的上升，以及一体化程度的降低，国际贸易成本较高的情况下形成的城市稳定对称均衡将会被动摇，呈现多种空间特征。此时，两城市中心外围结构与对称分布结构的形成便具有偶然性与不确定性。

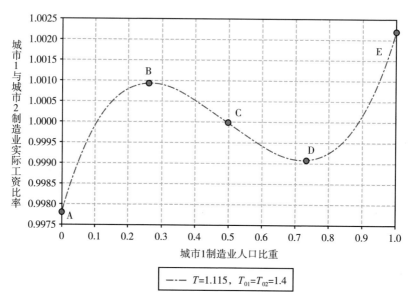

图 2－8　开放条件下城市间贸易成本上升与制造业的空间分布

3. 区际贸易成本大幅上升

从图 2－9 可以看出，随着国内城市间贸易成本的上升，当国内城市间贸易成本 $T_{12}=1.1$ 上升至 $T_{12}=1.2$ 时，国内两城市间在高国际贸易成本下

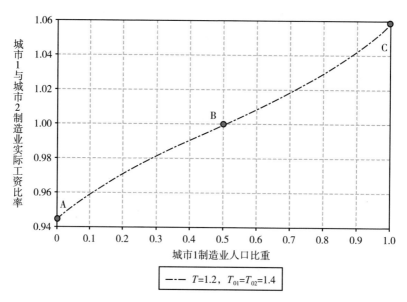

图 2－9　开放条件下城市间贸易成本上升与制造业空间分布

形成的稳定空间对称均衡结构又恢复到了类似于封闭经济下的中心外围结构状态，A 点、C 点为均衡点。其中，A 点是以城市 2 为核心区的中心外围结构，C 点是以城市 1 为核心区的中心外围结构。B 点并非一个均衡点，只要城市 1 与城市 2 的人口稍有差异，则实际工资立即为正或为负，进而导致人口、产业向城市 1（为正）或城市 2（为负）进行迁移，直至达到 C 点和 A 点形成中心外围结构为止。通过图 2-9 可以看出，随着国内区际贸易成本的上升，原有的较高国际贸易成本下所形成的均匀分布，会被国内城市间贸易成本的上升所打破，并最终打破国家高标准参与全球经济一体化进程所形成的区域均衡发展格局，导致某一城市将成为区域的中心城市。

（三）　对外开放程度变化与异质化城市

上面主要对"第二性质"的影响进行了全面的分析，在本节我们将对"第一性质"对空间的影响进行阐述。地理差异与政策差异程度等"第一性质"因素会对产业分布产生重大影响。我们假定城市 1 比城市 2 在"第一性质"略好，[①] 比如城市 1 为沿海港口、边境城市或开放特区等，图 2-7 与图 2-8 报告了在国际贸易成本较高或较低两个条件下差异化城市的空间演化状况。

1. 较低国家对外开放条件下的中心外围结构

在城市 1 比城市 2 具有"第一性质"优势的假设下，从图 2-10 可以看出，城市 1 的"第一性质"条件比城市 2 越是优越，同质化两城市间除了两个极端点之外，A、B、C 三点均为非稳态均衡点，从 A 点（$T_{12} = 1.2$，$T_{01} = T_{02} = 2.25$）开始向略有差异的 B 点（$T_{12} = 1.1$，$T_{01} = 2.25$，$T_{02} = 1.01 \times T_{01}$）和更大差异的 C 点（$T_{12} = 1.1$，$T_{01} = 2.25$，$T_{02} = 1.04 \times T_{01}$）进行移动，说明在国家对外开放程度较高的情况下，城市 1 的"第一性质"优势也能发挥强大的集聚作用。在 C 点，即便城市 1 原有的人口初始

---

① 传统的研究认为，城市间的差异也来自政治制度和政策选择的后续效果，国家的中央政府对一些城市的偏爱度可能高于其他城市，其偏爱的可能是首都城市（墨西哥城、首尔、伦敦、巴黎）或者精英的传统所在地如伊斯坦布尔或圣保罗等（Ades and Glaeser, 1995；Henderson, 2000, 2003）。

规模较小，但在"第一性质"的优势下，只要城市 1 的人口、产业规模稍微增加，实际工资将高于城市 2，结果导致以城市 1 为核心区的中心外围结构的形成。需要说明的是，在城市 1 的规模超越 1/2 份额后，除了"第一性质"优势外，城市 1 也可以形成规模优势。在两种优势的双重作用下，由此形成循环累积因果效应，直到中心外围结构的最终形成。

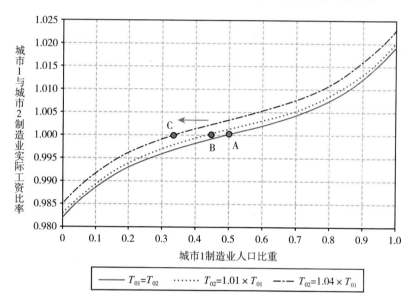

图 2 - 10 封闭条件下城市 1 具有区位与政策优势下的制造业空间分布

2. 较高国家对外开放条件下的中心外围结构

在国家开放程度较高与国内城市间贸易成本较低的状况下（$T_{01} = T_{02} = 1.4$，$T_{12} = 1.1$），原有同质化城市均匀分布时的对称均衡点位于 A 点处。当城市 1 具有先天的地理或政策优势的时候，即使城市间的优势差异较小（$T_{02} = 1.01 \times T_{01}$），也会促使原有同质化城市下的对称稳态均衡点 A 向右移动至新的非对称稳态均衡点 B。因为在 A 点，城市 1 和城市 2 的制造业劳动力份额分别为 1/2，而在新的均衡点 B，城市 1 的制造业劳动力份额为 0.7，城市 2 的制造业劳动力份额为 0.3。由此，通过图 2 - 11 可以得出以下结论：具有"第一性质"的优势城市 1，即便工资相同，也能够在较高的国家开放水平（较低对外贸易成本）与地区间较高的一体化水平（较低的区际贸易成本）下，形成以拥有地理、政策等"第一性质"优势城市为核心区的中心外围结构。

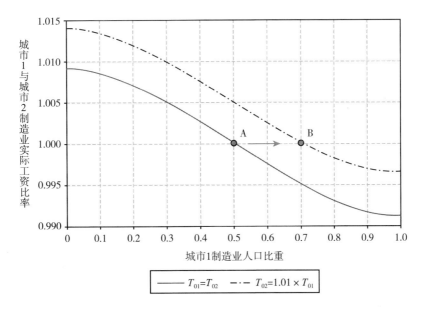

图 2－11　开放条件下城市 1 具有区位与政策优势下制造业的空间分布

（四）国外市场规模与城市拥挤度变化

1. 国外市场规模变化

不同的市场规模与国家的国际贸易成本下城市间的空间关系如何呢？为了衡量上述变量的影响，我们变通了一下设定，国内城市间的贸易成本依旧为 $T_{12}=1.1$，而对 T_{01}、T_{02} 的设定上进行略微变通，一是在城市 1 与城市 2 同质化的情况下，国家的国际贸易成本与城市 1 和城市 2 的国际贸易成本相同，固定国际贸易成本为 1.4（运费），即 $1.4 + T_{NO} = T_{01} = T_{02}$，其中 T_{NO} 为国家的关税税率。在这种假定下，我们衡量国外市场规模和国家国际贸易成本对城市 1 和城市 2 的影响。由图 2－12 可以看出，在不同的国外市场规模下，随着国家对外贸易开放度的提升（关税税率下降），实际工资差异曲线都呈现出先下降后上升的趋势。也就是说，随着国际贸易成本的下降，国内城市间的实际收入差距随之出现先缩小后扩大的"U"型特征。也就是说一国内部不同城市间的关系会经历由中心外围模式到分散均衡模式的过程。这和中国沿海中心城市与腹地间收入差距的变化是一致的。

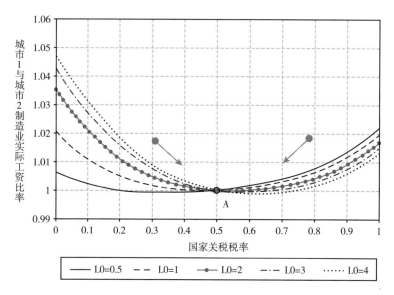

图 2 - 12　国外市场规模变化与城市间实际工资比率变动（同质化区域）

当国家对外经济开放度较低时，即国家关税税率在 $0.5 \leqslant T_{NO} \leqslant 1$ 区间时，如果面临较大规模的市场，如国外市场规模为国内市场规模的 4 倍时，城市间关系由城市 1 为核心区的中心外围结构到对称均衡结构的过程中，国内城市间的实际工资差额相对较小，变动趋势较为平缓；而国外市场规模为国内市场规模的 1/2 倍时，国内城市间实际工资差额则相对较大，则变动趋势较为剧烈。当国外对外经济开放度较高时，即国家关税税率在 $0 \leqslant T_{01} = T_{02} = T_{NO} \leqslant 0.5$ 区间时，在国外市场规模为国内市场规模的 4 倍时，国内城市间的实际工资差额相对较大，向对称均衡结构的变动速度较快；而国外市场规模为国内市场规模的 1/2 倍时，国内城市间实际工资差额则相对较小，变动趋势较为平缓。由此，国外市场规模的变化仅是对城市间由中心外围结构向对称结构演进的速率产生影响，并不能促进中心外围结构的形成。这与布鲁哈特等（2004），弗吕格（2004）的研究结果有所不同。布鲁哈特等（2004）与弗吕格（2004）利用自由企业家的两国三区域模型研究指出，在既定的贸易成本之下，如果国外的市场规模较国内市场更大的话，国内的工业倾向于在一个地区集聚，第三国规模的大小决定着产业在两区域空间上的分散还是集中。本书认为国外市场规模的变化仅是对城市间由中心外围结构向对称结构演进的速率产生影响，并不能促进中心外围结构的形成。

2. 城市拥挤程度变化

上面的分析均基于拥挤系数为0.1时的情况，那么城市拥挤度的变化，会对城市的集中与扩散有何影响呢？在城市1具有"第一性质"优势的前提下，我国对城市拥挤度与人口、产业空间布局的影响进行数值模拟。

图2－13给出了拥挤度为0、0.05、0.1、0.15四种情况下的数值模拟情况，从图2－13可以看出，当拥挤度为0时，城市1的制造业人口随着城市1实际工资水平的上升而上升，最终形成以城市1为核心区的中心外围结构；随着城市拥挤度的上升，实际工资曲线开始向下移动，由于拥挤度所形成的分散力较小，具有"第一性质"优势的城市1依然位于中心外围结构的核心区。但随着拥挤度的进一步上升，均衡点开始位于A点处，与上面描述的情况一样，在人口停止流动的均衡点A，城市1制造业人口占比为0.7，已经与原有的对称均衡结构有所不同。随着拥挤度的进一步上升，当拥挤度为0.15时，均衡点由A点移动至B点，在B点上，城市1的制造业人口虽然大于0.5，但是城市1的核心区优势受到了明显削弱。可以预见，城市拥挤度的进一步上升将促使城市1的实际工资水平与城市2相等，那么城市的拥挤度将全面抵消城市1在"第一性质"上的优势。由此我们可以得出以下结论：城市拥挤度的上升将会抵消城市因"第一性质"差异所形成的集聚优势。

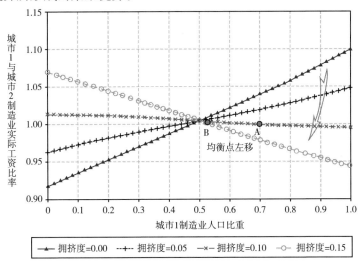

图2－13　拥挤度变化与城市1制造业人口比重

四、主 要 结 论

结论1：只要国家进行对外贸易，那么无论国际贸易成本多高，均会造成同质城市之间的差异，使某一城市成为区域的中心，而其他城市逐渐演化为区域的边缘，以致最终形成一个中心外围结构。而随着国际贸易成本的逐渐降低，国内城市间的差异也会随之缩小，促使人口、产业恢复原有的均衡分布状态，即国家对外开放程度的提升，有助于国内空间布局的分散。

结论2：在国际贸易成本较低的情况下，随着国内地区间贸易成本的上升，由低国际贸易成本所形成的区域均衡将被国内城市间贸易成本的上升所打破，继续呈现区际的中心外围模式。

结论3：在城市间存在"第一性质"差异的情况下，只要国家进行对外经济联系，无论国际贸易成本有多高，即便该城市规模比较小，也会形成以"第一性质"占优势的区域为核心区的中心外围模式。

结论4：在国际贸易成本较低的情况下，具有"第一性质"优势的区域依旧位于中心外围结构的核心区，即使在内点解的情况下，具有"第一性质"优势的区域所占的人口、产业规模也会高于其他区域。在各国城市群的形成进程中，自然环境与历史地理往往是产业集聚的基础，而集聚产业的共享机制促成循环累积过程，导致产业长期被锁定在某一地区。政府干预也促进了世界很多地区产业集聚的形成。

结论5：在国际贸易成本较低的情况下，如果某一城市的"第一性质"优势特别突出，在中心外围的空间结构中，会形成区域间的专业化分工，即"第一性质"优势特别突出的城市同时拥有多个产业且产业层次较高，而较差的城市仅拥有单一产业且产业层次较低，由此形成城市的多样化和专业化特征。

结论6：国外市场规模的扩大与缩小均不能影响开放条件下城市间对称均衡结构与中心外围结构的形成，仅能影响城市间由非均衡结构转向均衡结构的速率。国外市场规模的大小对核心外围结构的影响，呈现先向某一地区集聚后向周边扩散再向某一地区集聚的空间运行轨迹。

结论7：在城市间存在"第一性质"差异的情况下，城市的拥挤度上升所形成的分散力能够压缩城市间因"第一性质"优势所形成的集聚力发挥作用的空间。反过来，城市间"第一性质"的差异越大，那么城市的拥挤度所造成的分散力的影响便越小，促使城市间分散布局的难度就越大。

第二节　异质性要素空间选择与城市层级

上一节分析了同质要素条件下开放城市及城市群规模的形成，基于要素的差异性，并非所有的要素都具备向核心区进行迁移的能力，尤其是城市间存在贸易成本和城市拥挤力的情况下，异质性要素向核心区的集聚与扩散将导致城市的功能与层级发生什么变化？城市及城市群等级与功能分工是如何形成的？本节拟从异质性生产要素区位选择的角度对城市层级与功能的形成进行分析，并对上述问题进行解答。

一、异质性要素的区位选择机制

科尼利奥（Coniglio，2001）分析指出，在中心地区与外围地区的工资与劳动生产率长期存在差异的条件下，高技术劳动力由于积极的自我选择效应更倾向于转移到核心区。鲍德温和大久保（Baldwin and Okubo，2006）利用 CES 框架研究指出，生产率较高的企业在冰山贸易成本下降的情况下会优先选择市场规模较大的区域，生产率较低的企业则选择市场规模较小的区域，这样就导致了市场规模不同的地区出现了功能分工上的差异。贝伦斯等（Behrens et al.，2010，2013）构建了"三位一体"的模型框架，该模型假定经济主体的事前异质性来自天生，而事后异质性来自机遇。通过该模型推导得出大城市的集聚力主要来自两个方面：一方面，事先对高素质劳动力的分类机制，市场规模较大的城市能够吸引各类高素质的人才，为其谋求更高的成就创造条件；另一方面，事后对高素质劳动力的甄选机制，市场规模较大的城市会为高素质劳动力从事高效率的职业提供更多的机会,这将会导致高素质劳动力进一步迁入与企业劳动生产率进一步提高。相比于鲍德温、大久保与贝伦斯等的模型框架,维纳布尔斯(2010)所提供的模型更为简洁地说明了问题,本书主要介绍维纳布尔斯模型的要素自我选择与城市分层模型。

1. 模型的假设条件

在维纳布尔斯模型中,假定城市 i 有高技能与低技能两类劳动力,分别为 H 和 L,两类劳动力在城市中进行自我匹配,高低两种劳动力的不同匹配方式导致不同的产出水平。模型假定两名高技能劳动力匹配的产出为 $2q_{HH}$,两名低技能劳动力匹配的产出为 $2q_{LL}$,一名高技能劳动力和一名低技能劳动力匹配的产出为 $2q_{HL}$,三种匹配情况下的产出顺序为:$q_{HH} > q_{HL} > q_{LL}$。再假定城市 i 中高技能劳动力 H 和低技能劳动力 L 选择城市 1 的比率分别为 θ_H 和 θ_L,那么在城市 1 中劳动力的总量为 $N^1 = H\theta_H + L\theta_L$,城市 2 中劳动力的总量为:$N^2 = H(1-\theta_H) + L(1-\theta_L)$。令城市 i 中高技能工人的占比为 μ^i,则在一个拥有两个城市的经济体中,城市 1 和城市 2 高技能工人的占比分别为:

$$\mu^1 = \frac{H\theta_H}{H\theta_H + L\theta_L}, \; \mu^2 = \frac{H(1-\theta_H)}{H(1-\theta_H) + L(1-\theta_L)} \qquad (2.48)$$

再假定两种工人联合生产的总产出在两者之间进行均匀分配,则每个城市中高技能工人和低技能工人的期望收益分别为:

$$v_H^i = q_{HH}\mu^i + q_{HL}(1-\mu^i), \; v_L^i = q_{HL}\mu^i + q_{LL}(1-\mu^i) \qquad (2.49)$$

2. 模型的主要结论

假定 $q_{HH} - q_{HL} > q_{HL} - q_{LL}$,定义 $\Delta q_H \equiv q_{HH} - q_{HL}$,$\Delta q_L \equiv q_{HL} - q_{LL}$。令城市 1 的生活成本高于城市 2 的生活成本,以 c 表示城市的生活成本(地租或通勤成本等),如果式(2.50)成立,则有:

$$v_H^1 - v_H^2 = (q_{HH} - q_{HL})(\mu^1 - \mu^2) \geq c$$
$$v_L^1 - v_L^2 = (q_{HL} - q_{LL})(\mu^1 - \mu^2) \geq c \qquad (2.50)$$

那么劳动者会选择城市 1。可见,城市生活成本的差异导致城市分层。

在图 2-14 中,实线和虚线所描述的高技能工人和低技能工人在两个城市间有着不同的空间分布。城市 1 中低技能工人数量的增加(即 θ_L 的增加)降低了城市 1 中劳动力的匹配质量和收益。为了保持其现有收益水平，城市 1 必须增加高技能工人的比重（即 θ_H 上升）。在曲线的上方，工人们倾向于在城市 2 工作生活，而在曲线下方，工人们倾向于在城市 1 进行工作和生活。在这一曲线中，共有两个均衡点，第一个均衡点位于点 P 处，在生活成本较高的城市没有劳动力。而在均衡点为分离均衡点 S，在这一点，所有的高技能工人均在城市 1，这些工人比他们在城市 2 的收益要好。而低技能工人在城市 1 的比重为 $\theta_L = (\Delta qL/c - 1) H/L$，剩下的部分位于城市 2。

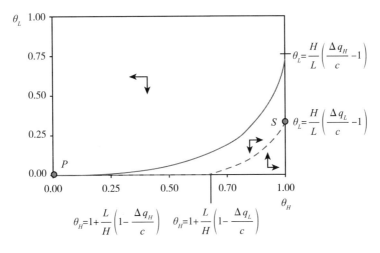

图 2－14　要素在城市中的自我选择

注：实线为高技能工人 H 的选择，虚线为低技能工人 L 的选择。各参数变量的设定值为：$H = L = 1$，$q_{HH} = 0.8$，$q_{HL} = 0.4$，$q_{LL} = 0.1$，$c = 0.225$。

资料来源：Anthony J. Venables（2010）。

$q_{HH} - q_{HL} > q_{HL} - q_{LL}$ 的假设条件意味着对高技能工人比低技能工人劳动力的组合匹配上更有价值，不同的城市成本提供了城市的分类机制，这种机制使低技能工人被大部分排除在高成本城市之外。在这一假设条件下，高成本城市比低成本城市拥有较高的生产率的原因有两个：一个是高成本城市中高技能工人的比例较高，拥有一个较高的平均匹配水平；另一个是低技能工人在高成本城市中也比他们在低成本城市拥有较高的生产率，因为他们与高技能工人进行匹配的概率更高。

那么，城市的生活成本在什么程度上能够支撑起这种分离均衡点？图 2－15 进一步说明了城市分层的这种机制。纵轴表示城市 1 的劳动力数量，横轴表示城市的生活成本 c。$c=C(N^1)$ 为城市 1 的生活成本与城市内两种劳动力总量的关系曲线。另一条不连续的曲线表示随着城市生活成本 c 的提高，城市生活成本与劳动力规模均衡的变化。在 S 点，城市 1 集聚了所有高技能劳动力 H 和大约 1/3 的低技能劳动力 L。从 S 点开始，城市 1 生活成本 c 的提升会导致一部分低技能工人 L 离开城市 1，从而导致均衡曲线 S 呈向下倾斜态势。当生活成本提升大于低技能劳动力在该城市产出增量时，即 $c > \Delta q_L$ 时，低技能劳动力 L 便会离开城市 1（在 S 点，有 $\theta_H = 1$，$\theta_L = 0$，其中 θ 表示某类工人占城市人口的比重），而高技能工人 H 会选择城市 1。只有城市生活成本小于低技能劳动力在城市 1 产出的增量时，即 $c < \Delta q_L$ 时，高技能劳动力就不会选择迁往城市 2，同时，所有低技能劳动力 L 则会选择城市 2。由此，两个城市就分化为两个不同功能与生产水平的城市。

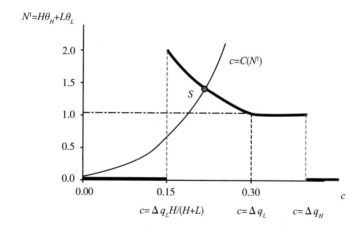

图 2-15 城市生活成本与人口规模
资料来源：Anthony J. Venables（2010）。

结论 1：高端要素的集聚程度越高，该城市在全球产业链中的地位越高，城市的等级级别就越高。城市劳动力除了需要考虑自身的生产水平外，还需要考虑所在城市的生活成本，当其生产所获取的收益大于生活成本的增加时，劳动力会留在这个城市，否则将会转向其他生活成本较低的城市。因此，低技能劳动力由于其生产能力较低，而大城市或中心城市的生活成本较高，只有其中一部分能够与高技能劳动力相匹配进而取得较高的生产力，以弥补其在大城市生活的高成本。因此，城市的规模越大，集聚的高端要素就越多，城市的功能就越强。而中小城市的高端生产要素集聚能力较低，其城市功能相对于大城市而言也较低。在经济全球化和区域经济一体化进程加快的趋势下，激烈的市场竞争要求企业必须巩固和提高自身的市场地位，获取更多高质量的战略资源来提升竞争力。而大城市尤其是具有国际影响力的世界城市，往往是一个国家经济、社会、科技、交通、文化、教育等方面的中心，具有丰富的、高质量的战略资源，可以为企业的战略决策、技术创新、市场营销、组织管理、企业品牌塑造等提供强有力的支撑。

结论2：高土地成本与高劳动力成本的大城市具有较多的企业总部与生产性服务业，而中小城市则往往成为专业化的制造业基地。城市群的中心城市规模一般较大，生活成本也相对较高，因此，能在中心城市集聚的产业也必须具有较高的层次。尤其在全球化和信息化的推动下，大量的非标准化信息、要素流动需要的是服务业尤其是生产性服务业的支撑。由于生产性服务业能够承受较高的城市成本，其要素能够在大规模集聚经济中得到匹配。制造业转移的压力迫切需要大城市通过新的经济增长点来实现经济的持续发展，而吸引企业总部入驻，加快高端产业发展则成为大城市实现经济转型的重要方式之一。由此，基于产业生产效率的不同，中小城市往往成为专业化的制造基地，而大城市则倾向于发展生产性服务业或高技术新兴产业。中等规模的城市倾向于发展成熟产业而非新产业的专业化（世行发展报告，2009）。

二、异质性要素与城市群等级功能

全球化发展背景下的分散性生产与集中管理的需求促使跨国公司将各个价值链进行全球布局，以获取最大的价值。对于企业而言，以标准化和流水线作业为基础的大规模生产对用地的需求量较大，但是空间成本的存在，无疑会妨碍企业获取最大化分工经济。企业因此将各生产区段在不同区位进行分工布局，以获取最大的集聚经济收益与规模经济收益。因此，同一产业甚至同一产品业务流程都可以在城市群内不同城市之间布局，形成前台服务业与后台服务业，高技术、高资本密集型产业与劳动密集型产业，服务业与制造业的不同区位选择，催生了不同层次的城市相互依赖的发生和功能的组合，进而形成了兼具网络性与等级性的城市分工体系。

（一）城市群内部分工模式的形成

从城市群的角度看，高端生产性服务业仍然聚集在全球化程度较高的中心城市，越来越多的专业化部门分布在更为分散的周边地区。中心城市与外围中小城市因生产的一体化而构筑起城市群的生产组织体系。在这种生产组织体系中，高等级中心城市在规模达到一定程度后，基于空间成本（包含拥挤成本、生活成本、市场竞争）等因素的制约及企业扩大市场与降低成本的需求，城市群中心城市要素开始向城市群内部甚至城市群外部进行产业转移，促使在大都市区的边缘地带或临近城市创建新的专业化集群。在产业升级的过程中，中心城市通过经济合作、技术扩散和企业搬迁等方式将相对低端的产业转移到外围地区，同时为更优质的要素腾出空间，高专业化与高级别服务业进一步在中心城市集聚。中心城市产业集聚与扩散，使得城市群内部能够实现规模经济和多样化发展，最终形成城市群内部中心城市服务—周边城市制造的空间分工模式。在这一模式下，城市群内部的中小城市利用大城市的人口规模培养更具竞争力的专业化功能，大城市利用临近中小城市的专业化优势在劳动力市场、商品市场等方面进行整合形成综合竞争优势，并避免因集聚"块状"所形成的空间成本。卡马尼（Camagni，2015a）发现的证据表明，最高级别城市与周边二级城市的网络连接性与可达性越强，越有助于周边二级城市获取更多的外部经济收益。梅杰等（Meijers et al.，2015）通过对欧洲城市的研究发现，大中小城市间网络连接性的增强，提升了大城市的功能，但本地规模的大小仍然是城市功能的最主要决定因素。

（二）城市群空间功能等级的划分

城市群内中心城市与其他城市之间存在广泛的空间联系，并在此基础上形成特定的空间等级结构。秦尊文（2012）认为一个大城市群在世界城市网络体系中的地位和作用，主要取决于其核心城市的影响力和综合竞争力，并体现在其于世界城市格局中所处的发展层面。中心城市功能的变化是城市群动态发展的决定因素。中心城市功能提升会引发城市群规模扩大，功能下降导致城市群发展的萎缩。中心城市的聚集—扩散—再聚集—再扩散的良性循环，推动城市群中心城市自身和与之相联系的城市乃至国家经济的发展，形成了具有较高城市化水平和多层次、多功能的城市群（无锡长三角研究中心课题组，2004）。刘乃全等（2012）将城市群划分为四个等级，即中心城市、大都市郊区和大中城市、其他城市和小城镇、周边的广大地区如产业化基地等。结合对异质性要素空间集聚与扩散的分析，梁琦和黄利春（2014）将城市划分为三级：一级城市集聚附加值最高的高端产业，即研发、设计、售后服务和材料采购、产品销售等位于价值链高端的产业活动；二级城市的主导产业以价值链中端为主，有少量位于价值链高端的生产环节，但明显少于一级城市；三级城市主要从事生产组装与制造等活动，产业层次较低，以低端产业为主导（见图2-16）。尼尔（Neal，2011）认为城市功能等级体系应该从空间等级转向关系等级，处于关系中心的城市则会逐步上升，即便是处于中心外围格局中的大城市，由于缺乏关系和联系，其影响力会越来越小。针对空间与关系的转向，尼尔提出了城市发展的三种等级通道模式。（1）首位城市模式：城市等级高，城市联系广泛；（2）"离线"大都市模式：城市规模大（不论经济或是人口），但跨区域联系缺乏，城市日渐衰落，如底特律；（3）"有线"小镇模式：城市规模小，但通过功能互补的方式，交通网络或交流网络（通信网络、信息交换网络）的重要节点，占据网络结构的重要位置，城市地位逐步提升（冷炳荣、杨永春、谭一洺，2014）。尽管划分城市群等级的方式有所不同，但其所表述的内涵却具有一致性。即城市群内最高层级的超大城市发展生产性服务业与高新技术产业，综合服务功能较高；次一级城市为专业化或特色化的高端制造城市；再次一级的城市为拥有一般劳动密集型制造业以及与生活相关的服务业等价值区段较低的城市（镇）。

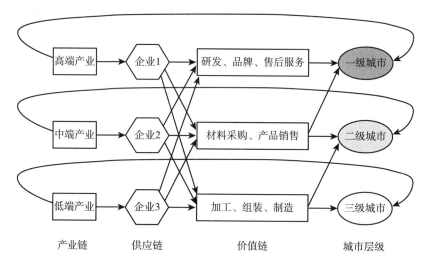

图 2-16　城市层级体系的分工网络
资料来源：梁琦和黄利春（2014）。

第三节　大国开放与城市群全球要素集聚

全球化的本质是生产要素的跨国界自由流动，其基本内涵可以分为两个层次：第一个层次是要素的跨国流动，即贸易投资自由化推动商品、劳务、资本、技术等各种资源要素在全球范围的流动；第二个层次是基于要素全球流动下国与国、地区与地区之间的相互依存与分工。从要素流动、集聚的途径来看，主要分为国际贸易、国际直接投资、国际金融投资、跨国移民与信息流动等几个方面。一个城市群集聚的全球流动要素越多，越有助于一国或某一地区控制力和影响力的提升。当要素在某一地区集聚到一定程度时，即达到一个临界点的时候，该地区的资源要素开始发生质的变化，即产生中心地的相关功能，如制造中心、服务中心、金融中心、交通中心、信息中心和科技创新中心等中心功能。在全球化背景下，跨越国境的 FDI 和产业转移，不仅成为推动产品贸易发展的重要力量，而且是促进资本流动和劳动力等要素流动的直接力量。本节将依托自由资本流动模型，对全球化与区域经济一体化下全球要素流动进行论述。

一、多区域自由资本模型与心心外围体系

多区域自由资本模型起源于马丁和罗杰斯（Martin and Rogers，1995）的两区域自由资本模型。随后，普噶等（Puga et al.，1997）、理查德·佛斯里德（Rikard Forslid，2002）、理查德·鲍德温（Richard Baldwin，2006）、克里斯蒂安·贝伦斯（Kristian Behrens，2004）将其扩展至三区域或多区域模型。本部分遵循上述模型的基本研究，假定存在 R 个区域，每个区域有两个部门和两种生产要素，两个部门分别为现代部门与传统部门，两种生产要素分别为资本和劳动力。现代部门是垄断竞争部门，具有规模报酬递增特征，且在生产过程中使用资本与劳动力两个要素；传统部门为完全竞争部门，在区际与区内贸易中不存在贸易成本，在生产过程中仅使用劳动力这一唯一要素。而现代垄断竞争部门在区际之间则存在冰山贸易成本。工人在部门之间可以自由流动，但不能进行跨部门流动。资本可以进行跨区域流动，但资本收益归属资本所有者。同时，假定任意区域之间的资本、劳动总量虽然不同，但都具有相同的资本劳动比率。

（一）模型设定

假定个人的生产效用函数为：

$$U = C_M^\mu C_A^{1-\mu} \tag{2.51}$$

$$U = C_M^\mu C_A^{1-\mu}, \quad C_M = \left[\int_0^N c_i^{(\sigma-1)/\sigma} \mathrm{d}i \right]^{\sigma/(1-\sigma)} \tag{2.52}$$

其中，$\mu \in (0,1)$，为消费者支出中对现代化部门产品支出所占之份额；C_A 和 C_M 分别为现代化部门产品集合的消费量和传统部门产品的消费量；N 表示工业品多样化的程度；σ 为任意两种现代化部门产品之间的替代弹性，且 $\sigma > 1$；c_i 表示第 i 个现代化产品的消费数量。

消费者的预算约束为：

$$p_A C_A + \int_0^N p(i)c(i) = Y \tag{2.53}$$

将传统部门产品作为计价物，假定其产品价格为 1 单位，即 $p_A = 1$，其劳动力工资也为 1，即 $w_A = 1$。

根据实现消费者对现代化部门产品组合的消费者效用最大化，我们求出最大化时现代部门产品组合的需求函数为：

$$x_i = \mu \cdot \frac{p_i^{-\sigma}}{\int_0^N p_k^{1-\sigma} \mathrm{d}k} \cdot Y_j \qquad (2.54)$$

其中，p_i 为不同现代化部门产品的价格，Y_j 为区域 j 的收入。

在资金使用多元化的前提下，假定区域使用的资本占世界资本总量的份额等于该国产业占全部区域的份额，并等于该国生产的产品种类占全部区域产品种类的份额其公式为：

$$Y_j = s_{ej}(L^W + \bar{\pi} K^W) \qquad (2.55)$$

其中，$\bar{\pi}$ 为资本的平均收益率，由 $K^W \bar{\pi} = \mu E^W / \sigma$ 这一条件决定。因此，均衡条件下，世界现代化部门产品的利润等于世界资本的平均收益率。而全世界生产要素的收入总和为 $E^W = L^W + \mu E^W / \sigma$，即 $E^W = \dfrac{L^W}{1 - \mu/\sigma}$。即又有 $\bar{\pi} = \dfrac{\mu}{\sigma - \mu} \cdot \dfrac{L^W}{K^W}$。

假定所有区域企业生产的成本函数为：

$$TC_j = F\pi_j + a_m x_i \qquad (2.56)$$

其中，F 为资本的固定成本，a_m 为生产 x_i 单位产品所需的非技能劳动力的数量，我们选择 1 资本单位的固定成本 F 为 1，这意味着资本的份额等于企业的份额，即 $K^W = N^W$。区际之间的成本为冰山成本，即区域间运输 1 单位的差异化产品，需要发送 τ 单位的产品，并假设区域 j 到区域 k 的冰山成本 $\tau_{jk} = \tau_{kj} > 1$，那么，现代化部门企业利润最大化解可以得出企业利润最大化条件下的产品价格为：$p_j = \dfrac{\sigma a_m}{\sigma - 1}$，当我们令 $p_j = 1$ 时（下面将变换这一假定条件），则有 $a_m = \dfrac{\sigma - 1}{\sigma}$。由于资本在区域之间可以进行自由的流动，那么，根据边际成本等于边际产出这一原则，有：

$$(1 - a_m)x_j = \pi_j，即 x_j = \sigma \pi_j \qquad (2.57)$$

（二）短期均衡

在短期中，世界企业的数量 N^W 在各区域的布局是固定的。一个区域的现代化部门产品的需求为本地需求加上其他地区的需求：

$$x_j = \sigma \pi_j = \frac{\mu Y_j}{P_j^{1-\sigma}} + \sum_{l \in \mathbb{R}, l \neq j} \frac{\varphi_{jl} \mu Y_l}{P_l^{1-\sigma}} \qquad (2.58)$$

其中，$\mathbb{R} = \{1, 2, \cdots, R\}$，且

$$P_j^{1-\sigma} = \int_0^N p_j^{1-\sigma} \mathrm{d}j = s_{nj} p_j + \sum_{l \in \mathbb{R}, l \neq j} \varphi_{jl} s_{nl} p_j = s_{nj} + \sum_{l \in \mathbb{R}, l \neq j} \varphi_{jl} s_{nl} \qquad (2.59)$$

其中，$\varphi_{jl} = \tau_{jl}^{1-\sigma}$，$s_{nj} + \sum_{l \in \mathbb{R}, l \neq j} s_{nl} = 1$，$s_{nj}$ 为 j 产品份额占全部区域的比重。

非技能劳动力的总量为 $N^W a_m x$。变换式（2.57）得，$N^W a_m x = (\sigma - 1) \pi_j N^W$。由此，得出了任何一个区域的角点解，当存在向某一区域集聚时，必须有：

$$s_{ej} \geqslant (\sigma - 1) \bar{\pi} N^W / L^W = \frac{\mu}{\sigma - \mu} \cdot (\sigma - 1) \qquad (2.60)$$

结论1：这意味着，非技能劳动力越多，市场份额就有可能越大。对工业部门产品的消费量越大，则市场份额则可能越大。

推论：拥有人口规模较大的国家和地区，其产业规模一般也较为庞大。

（三）长期均衡

在长期，资本可以自由流动，根据资本流动方程 $\dot{s}_j = (\pi_j - \pi) s_j (1 - s_j)$，在长期内产业区位分布达到均衡状态，厂商停止迁移（$\dot{s}_j = 0$）的条件为 $\pi_j = \bar{\pi}$，$0 < s_j < 1$；或者，$s_j = 1$ 或 $s_j = 0$。

当 $s_{nj} = 1$ 或 $s_{nj} = 0$ 时，为中心外围格局，即某一类别产品仅在某一区域进行生产。

当 $\pi_j = \bar{\pi}$、$0 < s_j < 1$ 时，资本在不用区域间的收益率相等，产业分布呈空间均衡状态。每个国家都是非完全专业化生产的情况比较符合经济现实。假定各个区域之间的贸易成本都相同，当区域之间的利润相等时，即 $\pi_j = \pi_l$ 时，借助于上述式（2.55）、式（2.56）、式（2.58）、式（2.59），推导可以得出：

$$s_{nj} = \left(s_{ej} - \frac{1}{R} \right) \frac{(R-1)\varphi + 1}{1-\varphi} \qquad (2.61)$$

对市场规模 s_{ej} 求导得：

$$\frac{\mathrm{d}s_n}{\mathrm{d}s_{ej}} = \frac{(R-1)\varphi + 1}{1-\varphi} \qquad (2.62)$$

由于 $\varphi \in (0,1)$，可以得出 $\frac{(R-1)\varphi + 1}{1-\varphi} > 1$，也就是说，企业数量份额 s_{nj} 的增长速度快于市场份额 s_{ej} 的增速。冰山贸易成本越低，开放度越高，企业数量的增长将越快于市场份额的增长。如果一个地区一开始就比其他地区的份额稍大，那么在冰山贸易成本足够低的情况下，它将逐步得到整个产业份额。

对冰山成本 φ 求导得：

$$\frac{\mathrm{d}s_n}{\mathrm{d}\varphi} = \frac{R}{(1-\varphi)^2} \times \left(s_{ej} - \frac{1}{R} \right) \qquad (2.63)$$

由此可以得出，如果一个区域的要素禀赋高于平均水平，那么随着冰山贸易成本的下降，该区域的产业份额将会快速增长，并且快于冰山贸易成本下降的速度。推而论之，具有要素禀赋优势的国家或地区，推动自身的开放有助于迅速集聚外部资源。

（四）中心外围体系的形成

生产转移效应是本地市场效应的必然结果。对一体化的成员而言，区域内部区位更具有吸引力。在 R 个规模相等的区域中，我们假设其中两个区域形成一体化区域。那么在一体化区域形成以前，由于 R 个区域完全对称，则区域1的产业份额和市场份额分别为 $s_{n1} = 1/R$，$s_{e1} = 1/R$；区域2的产业份额和市场份额分别为 $s_{n2} = 1/R$，$s_{e2} = 1/R$，两个区域的产业份额与市场份额总和分别为 $2/R$。在一体化区域形成以后，由于区域1和区域2组成了一个更大的区域，我们可以称其为 FTA，故 FTA 的市场份额为：$s_e^{FTA} = s_e^1 + s_e^2 = 2/R$，为一体化区域形成前的2倍，由于本地市场效应的存在，产业份额将以高于2倍的比例增加，则 FTA 的产业份额为 $s^{FTA} > 2/R = s_{n1} + s_{n2}$，则一部分一体化区域外的产业转移到了 FTA 内部，即由于本地市场效应，必然存在生产转移效应。

结论2：经济全球化发展条件下，冰山贸易成本的降低（或开放一体化水平较高），有利于大国（大区域）集聚资源而不利于小国（小区域）。大国（大区域）提升其经济全球化水平，将有利于大国（大区域）集聚产业，成为区域发展的中心区。随着贸易自由化的推进，其他小于平均水平的区域会逐渐将产业转移出去，沦为外围区。

二、区域经济一体化与外部区域产业转移

上述多区域自由资本模型其结论假设都为同质化的对称区域，下面考虑冰山贸易成本与市场规模不同时区域间签署优惠贸易协定的情况，假设 $R=3$，区域1和区域2签署一体化贸易协定，区域6在优惠贸易协定之外。假定原先冰山贸易成本足够高，以至于使每一个区域都拥有一定的现代化部门，即 $s_j \neq 0$，$j \in (1,2,3)$，三区域间存在两种冰山贸易成本，即一体化区域内部的贸易自由度 φ' 和优惠贸易协定内区域与外部区域6之间的贸易自由度 φ。

根据式（2.58）有：

$$\sigma \pi_1 = \frac{\mu Y_1}{P_1^{1-\sigma}} + \frac{\varphi' \mu Y_2}{P_2^{1-\sigma}} + \frac{\varphi \mu Y_3}{P_3^{1-\sigma}} \tag{2.64}$$

$$P_1^{1-\sigma} = s_{n1} + \varphi' s_{n2} + \varphi s_{n3} \tag{2.65}$$

$$\pi_1 = \frac{\mu}{\sigma} \cdot \left[\frac{s_{e1}}{s_{n1} + \varphi' s_{n2} + \varphi s_{n3}} + \frac{s_{e2}}{s_{n2} + \varphi' s_{n1} + \varphi s_{n3}} + \frac{s_{e3}}{s_3 + \varphi s_{n1} + \varphi s_{n2}} \right]$$

$$\tag{2.66}$$

同理可得 π_2、π_3 的表达式。当 $\pi_1 = \pi_2 = \pi_3$ 时，计算可得：

$$s_{n1} = \frac{(1 + \varphi' - 2\varphi^2)[s_{e1} + (s_{e1} - s_{e2})(\varphi' - \varphi)/(1-\varphi')]}{(1-\varphi)(1-\varphi+\varphi'-\varphi)} - \frac{\varphi}{1-\varphi+\varphi'-\varphi}$$

$$\tag{2.67}$$

$$s_{n2} = \frac{(1 + \varphi' - 2\varphi^2)[s_{e2} + (s_{e2} - s_{e1})(\varphi' - \varphi)/(1-\varphi')]}{(1-\varphi)(1-\varphi+\varphi'-\varphi)} - \frac{\varphi}{1-\varphi+\varphi'-\varphi}$$

$$\tag{2.68}$$

$$s_{n3} = 1 - s_{n1} - s_{n2} \qquad (2.69)$$

一体化形成后的区域 1 和区域 2 的总市场份额为 $s^{PTA} = s_{n1} + s_{n2}$，一体化形成前区域 1 和区域 2 的总市场份额为 $\overline{s}_{n1} + \overline{s}_{n2}$，$\overline{s}_{n1}$ 与 $\overline{s}_{n2}$ 可以由式（2.70）求出。

则有：

$$s^{PTA} - (\overline{s}_{n1} + \overline{s}_{n2}) = \frac{2\varphi(\varphi' - \varphi)\left[1 - (s_{e1} + s_{e2})\right]}{(1 - \varphi)(1 - \varphi + \varphi' - \varphi)} > 0 \qquad (2.70)$$

由此，可以得出结论：区域一体化形成后，存在产业转移，式（2.70）即为一体化区域形成后生产转移的规模。这一规模取决于三个因素：φ'，φ，$(s_{e1} + s_{e2})$。

随着 φ' 的提高，要素转移规模也随 φ' 的提高而逐渐增大。

若 $\varphi' - \varphi$ 为常数的话，则一体化区域生产规模随全球开放度 φ 的提升而提升，这是本地市场效应的结果。

最后，生产转移的绝对规模，即随 $s_{e1} + s_{e2}$ 的减少而增加。如果一体化区域为整个世界，那么将不再有任何产业转移到一体化区域，产业转移的规模取决于可转移企业的数量。

区域一体化导致产业由一体化区域外向区域内转移，资本由区域外部向内部区域进行流动，投资的转移也意味着生产的转移。生产转移随区域一体化贸易自由度的增加而增加。若 $\varphi' - \varphi$ 为常数，则生产转移效应随着全球开放度 φ 的提升而提升，最后，生产转移规模随区域一体化所涵盖的市场规模的减少而提高。

推论：历史上，英国与其殖民体系内部的关税税率小于英国与当时欧洲其他国家的关税税率，英国与其殖民体系联合起来所形成的庞大英联邦体系类似于当前的区域经济一体化组织，庞大的规模和体量，促使英联邦体系成为吸引其他国家投资、产业与人口转移的主要地区。从当前来看，越是大国，越主张与其他相关国家建立双边或多边优惠贸易协定，以增强本区域或本国的竞争力。从一个国家内部的区域来看，某一区域内不同城市之间通过交通链接、公共政策一体化等多种措施，有助于促进整个区域的发展，并吸收国内其他地区的产业、资本等要素。

三、区域经济一体化与内部地区产业转移

首先，一体化发展区域的形成，使得外部区域的产业向区域内进行转移，随着区域一体化程度的提升，区域内冰山贸易成本大幅度下降，区域 6 的产业份额下降直至零。

其次，优惠贸易协定使得市场规模最大的 PTA 成员受益，即区域 1 的产业份额处于持续上升态势。

最后，两个层面的本地市场效应集中体现在区域 2，产业集聚经历了先扩大后缩小的历程。在扩大阶段，第一个层面的本地市场效应起主导作用，一体化内部的两区域相对于外部区域形成一个本地市场，因而，随着区域一体化程度的提升，区域 1 和区域 2 的产业份额上升，而区域 3 的产业份额下降。在区域 3 将其全部产业转移至一体化区域内部以后，即在区域 3 产业份额为零的情况下，第二个层面开始发挥作用，随着区域一体化程度的上升，即 φ' 的上升，PTA 内市场规模最大的成员因市场规模的扩大而产业的集聚效应开始促使较小规模成员内产业要素向其转移。

我们用一体化之后的区域 1 的产业份额减去区域 2 的产业份额，得出：

$$s_{n1} - s_{n2} = \frac{(1 - \varphi^2 + \varphi' - \varphi^2)(s_{e1} - s_{e2})}{(1 - \varphi)(1 - \varphi')} \tag{2.71}$$

由式（2.71）我们可以得出以下结论。

首先，一体化区域内部开放度与成员的市场规模差异越大，一体化区域内产业空间分布越不平衡。

其次，一体化区域外的开放度对区域内部的产业空间影响具有不确定性，如果外部区域为封闭区域，即开放度很小，则基本上是两区域的自由资本模型。当外部开放度提升时，一体化区域内部开放度 $\varphi' - \varphi$ 很小时，随着 φ 的提升，一体化区域内部产业空间分布不平衡的趋势将缩小。

推论之，在国际区域经济一体化的发展条件下，如果某一区域一体化组织的贸易自由化水平低于其他区域，假设 A 区域组织内部一体化水平小于 B（AB 不重合），则有助于缩小 A 的内部的不平衡，主要原因在于 B 一体化水平的提升吸引了原本应该到 A 区域的资金产业。城市群之间也是如

此，一体化水平较高的城市群往往更容易集聚外部资本与产业，内部规模不同是造成城市群不平衡发展的重要原因。

四、区域经济一体化与地区要素禀赋差异

现实经济中，不同区域往往存在着要素禀赋的差异。为分析要素禀赋差异对区域内产业分布的影响，假设每一个区域的劳动禀赋占全部区域劳动总量的比例相同，每个区域的资本禀赋占全部区域资本总量的比例不同，即：

$$\frac{s_{k1}}{s_{l1}} \neq \frac{s_{k2}}{s_{l2}} \neq \frac{s_{k2}}{s_{l2}} \tag{2.72}$$

为排除市场规模不对称，假设每个区域市场规模相同，于是有 $s_{e1} = s_{e2} = s_{e3} = 1/3$。

资本具有全球流动性，劳动 L 不能跨区域流动，资本归劳动者所有，某一区域劳动者拥有的资本量占全部区域资本总量的份额并不一定等于该区域生产中所有使用的资本量占全部区域资本总量的份额。另外，由于假设每个厂商的固定资本投入为一单位资本，则有该区域资本占比份额与产业占比份额相等。因此，区域内产业分布问题可以转化为区域内的资本流向问题，并最终可以归结为判断 s_n 与 s_k 的大小。

$$
\begin{aligned}
s_{n1} - s_{k1} &= \frac{(1 + \varphi' - 2\varphi^2)\left[s_{e1} + (s_{e1} - s_{e2})(\varphi' - \varphi)/(1 - \varphi') \right]}{(1 - \varphi)(1 - \varphi + \varphi' - \varphi)} - \frac{\varphi}{1 - \varphi + \varphi' - \varphi} - s_{k1} \\
&= \frac{(1 + \varphi' - 2\varphi^2)\left[s_{e1} + (s_{e1} - s_{e2})(\varphi' - \varphi)/(1 - \varphi') \right]}{(1 - \varphi)(1 - \varphi + \varphi' - \varphi)} - \frac{\varphi}{1 - \varphi + \varphi' - \varphi} - s_{e1} \\
&\quad + (s_{e1} - s_{k1})
\end{aligned} \tag{2.73}
$$

将 $s_{e1} = s_{e2} = 1/3$ 代入式（2.73），得：

$$s_{n1} - s_{k1} = \frac{\varphi(\varphi' - \varphi)}{3(1 - \varphi)(1 - \varphi + \varphi' - \varphi)} + \left(\frac{1}{3} - s_{k1} \right) \tag{2.74}$$

$$\frac{\varphi(\varphi' - \varphi)}{3(1 - \varphi)(1 - \varphi + \varphi' - \varphi)} > 0$$

因此，$s_{n1} - s_{k1}$ 的符号取决于 $\left(\dfrac{1}{3} - s_{k1} \right)$ 的大小。当 $s_{n1} - s_{k1} > 0$ 时，区

域 1 是资本流入区域，产业将向区域 1 转移；当 $s_{n1} - s_{k1} < 0$ 时，区域 1 是资本流出区域，产业将向区域 2 转移。

当 $s_{k1} < \dfrac{1}{3}$，即区域 1 为资本稀缺区域时，$s_{n1} - s_{k1} > 0$，该区域为资本流入区域，产业将从其他区域流入该区域。$\varphi' - \varphi$ 越大，即区域内与区域外的贸易自由度差距越大，则内部产业转移的规模 $s_{n1} - s_{k1}$ 越大。在区域内部贸易自由度 φ' 不变的情况下，区域外部贸易自由度 φ 越大，则内部产业转移规模 $s_{n1} - s_{k1}$ 越大。

当 $s_{k1} > \dfrac{1}{3}$，即某一区域为资本丰裕型的区域时，$s_{n1} - s_{k1}$ 符号不确定，既可能为资本输出国也可能为资本输入国。假设区域 1 和区域 2 的资本禀赋之和占全部区域总量的 2/6，两区域之间资本禀赋不对称的部分用系数 δ 表示，则区域 1 的资本禀赋 $s_{k1} = (1 + \delta)/3$，区域 2 的资本禀赋 $s_{k2} = (1 - \delta)/3$，将 $s_{k1} = (1 + \delta)/3$ 代入式（2.74）可以求得：

当 $\delta < \dfrac{\varphi}{1-\varphi}$，且 $\varphi' > \dfrac{\varphi^2 + \delta(1-\varphi)(1-2\varphi)}{\varphi - \delta(1-\varphi)}$，或 $\delta > \dfrac{\varphi}{1-\varphi}$，且 $\varphi' < \dfrac{\varphi^2 + \delta(1-\varphi)(1-2\varphi)}{\varphi - \delta(1-\varphi)}$ 时，$s_{n1} - s_{k1} > 0$，区域 1 是资本流入区域，产业从其他区域向区域 1 转移。

当 $\delta < \dfrac{\varphi}{1-\varphi}$，且 $\varphi' < \dfrac{\varphi^2 + \delta(1-\varphi)(1-2\varphi)}{\varphi - \delta(1-\varphi)}$，或 $\delta > \dfrac{\varphi}{1-\varphi}$，$\varphi' > \dfrac{\varphi^2 + \delta(1-\varphi)(1-2\varphi)}{\varphi - \delta(1-\varphi)}$ 时，$s_{n1} - s_{k1} < 0$ 时，区域 1 是资本流出区域，产业将从区域 1 向其他区域转移。

当区域经济一体化成员区域之间的要素禀赋存在差异时，产业将向资本禀赋相对较差的区域转移。成员区域之间的贫富差距越大，多边贸易自由化水平越高，则内部生产转移效应的规模越大。区域经济一体化对资本禀赋较好的富国的产业区位影响是不确定的，它取决于成员区域之间资本禀赋的差距以及区域内外的贸易自由化水平。

五、区域经济一体化与地区生产效率差异

梅利兹（Melitz, 2003）等的异质性企业贸易模型成为新新贸易理论

的核心框架，该模型指出贸易引发更具生产力的企业进入具有较大市场规模的出口市场，而生产率较低的企业则停留在国内市场。理查德·鲍德温、大久保·敏弘（Richard Baldwin, Toshihiro Okubo, 2005）利用垄断竞争模型的梅利兹框架分析指出，规模较大的区域对具有较高生产力的企业是有吸引力的。这种选择效应会导致生产力较高的企业向中心地区集聚而生产力较低的企业向外围地区转移。上述这些模型均假定一国同一行业的企业存在生产率的差异，从而解释了为什么大多数企业根本不出口等一系列企业层次的微观现象。我们将异质性企业模型中一国内部企业存在不同的生产率这一思想运用到该模型中，可以认为在地区之间存在生产率的差异，即三区域生产 x_i 单位产品所需的非技能劳动力的数量并不相等。具体而言就是：$a_{m1} \neq a_{m2} \neq a_{m3}$。

在非技能劳动力不同的前提下，$p_j \neq 1$ 时，$j \in (1,2,3)$，那么区域 1 的现代化部门的价格指数为：

$$P_1^{1-\sigma} = s_{n1} p_1^{1-\sigma} + s_{n2} p_2^{1-\sigma} + s_{n3} p_3^{1-\sigma} \tag{2.75}$$

$$p_1 = \frac{\sigma a_{m1}}{\sigma - 1}, \quad p_2 = \frac{\sigma a_{m2}}{\sigma - 1}, \quad p_3 = \frac{\sigma a_{m3}}{\sigma - 1} \tag{2.76}$$

$$P_1^{1-\sigma} = p_1^{1-\sigma} \left(s_{n1} + \varphi' s_{n2} \left(\frac{a_{m2}}{a_{m1}} \right)^{1-\sigma} + \varphi s_{n3} \left(\frac{a_{m3}}{a_{m1}} \right)^{1-\sigma} \right) \tag{2.77}$$

令 $\chi_{21} = \left(\frac{a_{m2}}{a_{m1}} \right)^{1-\sigma}$、$\chi_{31} = \left(\frac{a_{m3}}{a_{m1}} \right)^{1-\sigma}$，如果 $\chi_{21} > 1$，则区域 2 企业的生产率高于区域 1，如果 $\chi_{21} < 1$，则区域 2 企业的生产率低于区域 1。则式（2.77）可以改写为：

$$P_1^{1-\sigma} = p_{m1}^{1-\sigma} \left(s_{n1} + \varphi' s_{n2} \chi_{21} + \varphi s_{n3} \chi_{31} \right) \tag{2.78}$$

则有：

$$\pi_1' = \frac{\mu}{\sigma} \left[\frac{s_{e1}}{s_{n1} + s_{n2} \varphi' \chi_{21} + s_{n3} \varphi \chi_{31}} + \varphi' \frac{s_{e2}}{s_{n2} + s_{n1} \varphi' \chi_{21} + s_{n3} \varphi \chi_{31}} + \varphi \frac{s_{e3}}{s_{n1} \varphi + s_{n2} \varphi \chi_{21} + s_{n3} \chi_{31}} \right]$$

在 $\pi_1' = \pi_2' = \pi_3'$ 的均衡条件下，为排除市场规模的影响，我们假定三个区域完全对称，即 $s_{e1} = s_{e2} = s_{e3}$、$s_{n1} = s_{n2} = s_{n3}$，有：

$$s_n = \left(\frac{1}{1 + \varphi' \chi_{21} + \varphi \chi_{31}} + \frac{\varphi'}{\varphi' + \chi_{21} + \varphi \chi_{31}} + \frac{\varphi}{\varphi + \varphi' \chi_{21} + \chi_{31}} \right) \frac{\mu s_e}{\sigma \pi'} \tag{2.79}$$

则有：

$$\frac{\mathrm{d}s_n}{\mathrm{d}s_e} = \left(\frac{1}{1 + \varphi'\chi_{21} + \varphi\chi_{31}} + \frac{\varphi'}{\varphi' + \chi_{21} + \varphi\chi_{31}} + \frac{\varphi}{\varphi + \varphi'\chi_{31} + \chi_{31}} \right) \frac{\mu}{\sigma\pi'} \quad (2.80)$$

由此，我们发现，χ_{21}、χ_{31} 与 $\frac{\mathrm{d}s_n}{\mathrm{d}s_e}$ 的关系呈反方向变动趋势。

在区域一体化进程中，规模较小区域如果不想完全沦为外围地区的话，就必须提高生产率，而专业化则是其能够采取的可行策略之一。

本部分通过理论模型和数值模拟分析了国家双向开放（对内对外一体化水平的提高）对国内空间重塑的影响，双向开放有利于促进人口与资本向市场规模较大的区域（城市）集中，并通过区域内部集疏效应进一步放大区域的虹吸效应。区位交通优势较为突出的地区或在政治上享有特殊地位的地区（城市），往往受益于国家的双向开放战略。伴随着人口、产业、资金等生产要素向中心城市的进一步聚集，城市拥挤成本会进一步增加，进而促使城市空间规模扩张，表现为围绕中心城市的圈层扩展、沿主要交通线路"点—轴—面"的不断扩散，进而形成城市群。

从城市生活成本来看，高级要素选择高成本城市，低级要素选择低成本城市。企业总部、科研机构、商务机构等位于价值链高端环节的机构一般位于土地与劳动力成本较高的大城市，而加工组装与制造环节的企业则往往分布在大城市周边的中小城市。企业各生产区段在不同区位的布局，促进并加深了城市间的分工的形成，同一产业甚至同一产品业务流程都可以在城市群内不同城市之间布局，催生了多个层级间城市相互依赖的发生和功能的组合，进而形成了兼具网络性与等级性的城市分工体系。而这种中心城市服务—周边外围城市制造的空间分离的企业布局模式，能够不断提升城市群的整体创新能力和综合竞争力。在这一模式中，中心城市对周边城市的辐射带动作用，随着距离的扩大而呈现递减态势。

通过综合多区域自有资本模型理论得出，在冰山贸易成本逐渐降低的条件下，资本首先向具有较大市场规模的区域进行转移。而在某一区域内部，则继续向市场规模较大的城市进行转移，尤其是生产效率较高的产业或企业。由于企业异质性和资源禀赋的不同，外围区域的产业并不会完全流向市场规模较大的区域或城市，最终导致了世界经济中多层次中心外围空间关系的出现。在开放经济下，当一国或一地区 GDP 和人口规模较大时，开放有利于该国集聚外部产业资源，弥补自身在发展上的不足。而相对规模较小的区域或国家，在开放经济中则逐渐沦为边缘地区。反映在区域空间上，就是随着一国对外一体化水平的提升，会引发国外资本的进入。国外资本进入本国，首先向国内具有市场规模优势的区域进行集中。而在本区域内部，则主要向区域内部市场规模较大的城市进行集中。

第三章

中国经济现代化的空间演进
与世界级城市群

千百年来，中国落后的、分散的乡村经济导致人力资本和技术进步缓慢，人口难以获得更多的剩余维持生存。而集聚、发达的城市经济，将促进人力资本和科学技术在集聚中得以不断地形成和发展，导致财富的充分涌流，使人口容易获得更多的生产剩余，而基于城市社会的良好制度，也可以打破治乱交替、兴衰轮回的恶性循环，确保国家的可持续繁荣（周牧之，2003）。中国迈向现代化必须重视空间效率，推动中国的城镇化进程。

第一节　现代化的空间起点：
低效率、分割与依附性

我国是一个人口大国，尽管国土空间较为广阔，但特殊的地形地貌特征要求我国工农业生产与生活空间必须集聚集约，在城市密集地区形成城镇化与工业化相互支撑发展的良性循环，以实现单位空间生产的高效率。较为遗憾的是，千百年来我国落后分散的乡村小农经济制约了人力资本提高和技术进步，人口难以获得更多剩余以形成有效投资，始终无法超越马尔萨斯贫困陷阱。近代以来，长期处于军阀割据与战乱中的中国，虽然拥有较大规模的人口，但空间上的集聚程度非常低，区域之间的交易成本较大，并在现代工业产品上严重依赖西方发达国家，缺乏经济上的独立性。

一、空间生产低效率问题

传统农业社会的中国区域空间具有低经济效率、城乡区域分割、对外依附性较强等特征。20 世纪以前的中国以传统农业为主，农业占到国内毛产总值的 65%，剩余的 35% 中商业所得超过工业（手工业）所得。不低于 20%~80% 的劳动力以部分或全部时间从事农作（吉尔伯特·罗兹曼，1982）。历经洋务运动、清末新政、中华民国几个时期到 1949 年以前，中国依然是一个以小农经济为主要特征的农耕国家。城市人口只占到 10%~12%，农村人口占 88% 左右，农业依然是国民经济最主要的行业（曹锦清，2018）。在当时数以千万计原子式的农业生产单位之下，工业技术渗透在农业中的技术成本较高，导致中国的经济效率十分低下，大量的闲置劳动力被束缚于田间地头，既无法产生对工业品的市场需求，又缺乏对大量农户的组织，无法实现农业—轻工业—重化工业的良性循环，严重制约了中国的现代化进程。

二、空间内部分割性问题

鸦片战争以后，进出口贸易绝大部分通过沿海进行，沿边和内地所占比重甚低。吴承明（2001）根据 1936 年埠际贸易统计研究指出，包括华北、华中、华南在内的 40 类埠际贸易商品，一半以上是在上海、天津、广州、青岛四埠口岸流转。通商口岸贸易的发展，并没有改变内地广大地区经济联系的落后状态。在广大内陆地区，耕作、手工和商业十分落后，工业技术难以进入该类地区。民国时期，中国又处于新旧军阀混战之中，区域城乡之间分割明显。诚如毛泽东在《中国的红色政权为什么能够存在》

中指出的，地方的农业经济和帝国主义划分势力范围的分裂剥削政策为一小块或若干小块红色政权的区域长期存在提供了独特的原因。1937 年日本进一步扩大了对中国的侵略，进一步加剧了中国城市与乡村在商业上的分割状态。内战与抵御侵略下的军事分割、港口腹地系统与广大内陆地区经济的不同发展路径，促成了中国二元经济（罗兹曼，1982），影响了统一市场的形成。

三、空间外部依赖性问题

近代中国严重依附于国外市场与发达资本主义国家。空间依附理论认为，世界以资本主义世界市场为纽带，连接成一个经济整体，形成不平等国际分工下的中心外围结构。不少第三世界国家进行的资本主义式的改革，结果却是严重的对发达资本主义国家的依附（付清松，2015）。近代以来，中国仅有的包含外资在内的工业主要集中在沿海口岸，较好的农业地区基本上也分布在口岸的周围，并成为口岸的重要原料来源地，口岸工业与周边腹地农业地区的关系被吴松第（2004）称为港口腹地系统。港口腹地系统在一个更大的空间范围内依附于资本主义国家，作为发达资本主义国家工业制成品的市场与原料来源地。中国主要的出口商品茶叶和生丝，由外国商人在中国收购运到国外销售，市场价格为外国资本家所控制。工业基本集聚在口岸城市，机器设备技术由外国提供，部分工业原材料、燃料也依赖国外进口，外资在流通领域与生产领域占据较大比重，国家经济严重依附于国外市场及其资本（赵德馨，2017），内生发展能力不足。

第二节　中国现代化的空间追赶进程

新中国成立以来，基于不同阶段的发展环境与发展基础，尽管实施了一系列发展战略，促进工业化与城镇化发展，为中国实现现代化做了不懈的探索，但仍存在一些空间发展上的不经济问题。

一、特殊背景下优先发展重工业战略下的城乡分割

新中国的成立彻底结束了中国自辛亥革命以来的战乱纷争局面，为中国重新开启现代化进程创造了稳定的发展环境。遗憾的是，在当时的国际政治经济背景下，中国不得不实施优先发展重工业的战略，重工业的资本与技术密集性较强，对农村剩余劳动力的需求有限，难以实现依靠自身积累扩大再生产的重工业只能通过工农产品"剪刀差"来实现。而要做到维持工农产品"剪刀差"，就需要将农产品保持在低价格供应状态，进而要求国家采取"统购统销"机制将农村与城市粮食消费纳入国家控制之下，将一部分重工业产品以高价格出售给农村，而农村则组建农村集体经济组织以提高对工业品的购买力。因此，重工业优先发展战略要求国家实施以户籍制度为核心的城乡二元分割制度，尽可能将城市过剩人口转移至农村。大量人口窝集在农村难以提升农业生产效率，城市人口不得不保持较低的规模以满足粮食供给，同时由于城市公共服务设施与功能支撑严重不足，企业不得不在城市生产之余致力于社会服务，企业办医疗、办教育、提供住房等，加剧了企业的生产经营成本。工农业生产的低效率造成了我国工业化成本过高，也导致了农村经济的不堪重负，倒逼中国现代化不得不从农村率先起步。

二、农村工业化、小城镇建设的全面展开

党的十一届三中全会以后，随着家庭联产承包责任制的实施，农村原有的剩余劳动力开始得到释放，中央率先开启了以乡镇企业为代表的农村现代化进程。乡镇企业就地发展解决了农村剩余劳动力的就业问题，实现"离土不离乡"的目的。农村工业形成了生活用品的卖方市场，进一步促使以轻工业、劳动密集型企业为主的乡镇企业较快发展，进而又为重工业提供了市场需求。为适应农村工业化发展要求，我国开启了与之相配套的小城镇发展战略。但由于小城镇规模小，不利于形成集聚效应及完善的公共服务与基础设施，难以支撑工业转型升级的配套需求。1997 年东南亚金融危机的爆发及美

国互联网泡沫破裂带来外部出口的萎缩引发了国内工业产能过剩，多数乡镇企业在留下了大量债务与严重的环境污染后走向消亡，部分发展起来的乡镇企业也开始迁移至城市。农村工业化与小城镇建设，虽然并没有从根本上改变城乡分割的局面，但经过乡镇企业熏陶的农业剩余劳动力开始向较大城市转移，并为加入世界贸易组织（WTO）后外资外贸加工业提供了较高质量的劳动力。1998 年我国进入买方市场之后，各地工业经济形成的巨大产能急需找到新的市场予以消化。1998 年，我国城市住房制度开始进行市场化改革，为更具有产能的房地产业和金融业提供了发展空间，使得大量的存量资本得以释放（赵燕菁，2002；杨宇振，2009）。1999 年开启的西部大开发战略又为跨区域基础设施的建设创造了空间，加快推进城镇化的条件已然成熟。

三、以空间扩张为主导的城镇化战略快速推进

2000 年，《中共中央关于制定国民经济和社会发展第十个五年计划的建议》明确指出，"随着农业生产力水平的提高和工业化进程的加快，我国推进城镇化条件已经成熟，要不失时机地实施城镇化战略。……提高城镇化水平，转移农村人口，可以为经济发展提供广阔的市场和持久的动力，是优化城乡经济结构，促进国民经济良性循环和社会协调发展的重大措施。"[1] 2001 年我国加入 WTO 之后，巨大的全球市场开始对中国开放，较为广阔的国际市场很快消化了国内过剩产能，并迅速提升工业投资规模。借助劳动力成本和资源的低价格优势，中国成为吸引外商直接投资的重要场所，以外资为主导的加工贸易产业成为拉动中国城市经济增长的重要引擎之一，适应工业资本需要的城市化进程也大幅加快。遗憾的是，"十五"计划依然将发展小城镇作为推进我国城镇化的重要途径。到"十一五"规划时期，国家提出"坚持大中小城市和小城镇协调发展，……把城市群作为推进城镇化的主体形态"。[2] 2008 年金融危机之后，为缓解因

---

[1]　全国人大财政经济委员会办公室 国家发展和改革委员会发展规划司：《建国以来国民经济和社会发展五年计划重要文件汇编》，中国民主法治出版社 2008 年版，第 31 页。

[2]　同上，第 44 页。

外需急速缩小所带来的国内产能无法释放的问题，中央出台了大规模投资政策，一方面推动城市工业从依赖外部市场向内需市场转型，另一方面也要求城市通过基础设施的现代化建设来化解国内的产能过剩等问题。在这一背景下，国家连续批准了多个城市群与国家级新区的发展规划。国家"十二五"规划进一步提出了"以大城市为依托，以中小城市为重点，逐步形成辐射作用大的城市群，促进大中小城市和小城镇协调发展"①的发展思路，大城市与城市群成为引领中国工业化与城镇化的重要载体，较快地提升了中国经济的空间效率。

工业化与城镇化的互动发展提升了空间发展效率。我国常住人口城镇化率从2000年的34.8%上升至2012年的52.57%，年均增加3.15个百分点。2000~2012年，城市建成区面积从22439.3平方公里增长到45565.8平方公里，年均增长6.08%。我国城市水、电、路、气、信息网络等基础设施显著改善，教育、医疗、文化体育、社会保障等公共服务水平明显提高，人均住宅、公园绿地面积大幅增加。城镇化的快速推进，吸纳了大量农村劳动力转移就业，提高了城乡生产要素配置效率，推动了国民经济持续快速发展，带来了社会结构深刻变革，促进了城乡居民生活水平全面提升。但是城市空间的迅速扩张并未带来完全的城镇化进程。一方面，城市公共服务的供给并不能与城市常住人口的扩张相匹配，入托难、上学难、看病贵等社会问题已经成为制约城镇化推进的"拦路虎"。另一方面，城市面积迅速扩大，"空城""鬼城"不断涌现，造成了巨大的资源浪费。

四、党的十八大以来我国空间发展更加强调质量效率、分工协调

2012年，党的十八大针对城镇化进程中存在的问题，开始重视农业转移人口市民化与城市空间集约发展问题，提出要"科学规划城市群规模和布局，有序推进农业转移人口市民化，努力实现城镇基本公共服务常住人口全覆盖"。2014年，国务院颁布的《国家新型城镇化规划（2014—2020

---

① 《中华人民共和国国民经济和社会发展第十二个五年规划纲要》，中国政府网，2011年3月16日。

年）》中，明确提出"按照统筹规划、合理布局、分工协作、以大带小的
原则，发展集聚效率高、辐射作用大、城镇体系优、功能互补强的城市
群，使之成为支撑全国经济增长、促进区域协调发展、参与国际竞争合作
的重要平台。"在空间布局上，该规划提出要"构建以陆桥通道、沿长江
通道为两条横轴，以沿海、京哈京广、包昆通道为三条纵轴，以轴线上城
市群和节点城市为依托、其他城镇化地区为重要组成部分，大中小城市和
小城镇协调发展的'两横三纵'城镇化战略格局。"针对世界级城市群建
设，该规划提出"京津冀、长江三角洲和珠江三角洲城市群，要以建设世
界级城市群为目标，继续在制度创新、科技进步、产业升级、绿色发展等
方面走在全国前列，加快形成国际竞争新优势，在更高层次参与国际合作
和竞争，发挥其对全国经济社会发展的重要支撑和引领作用"。从 2014 年
开始，国家发展改革委组织编制跨省市城市群规划，共编制完成了 11 个规
划，并陆续得到国务院的批复。省级政府负责本省范围内的城市群规划，
在"十三五"期间陆续编制完成并履行了批准程序。至"十三五"末，全
国共编制完成 19 个城市群规划。2015 年中央发布的《京津冀协同发展规
划纲要》将京津冀区域整体功能定位为"以首都为核心的世界级城市群"。
2016 年 6 月发布的《长江三角洲城市群发展规划》明确提出将长三角城市
群建设成为面向全球、辐射亚太、引领全国的世界级城市群，并要求长三
角在最具经济活力的资源配置中心、具有全球影响力的科技创新高地、全
球重要的现代服务业和先进制造业中心、亚太地区重要国际门户等方面形
成突破。2019 年 2 月出台的《粤港澳大湾区发展规划纲要》提出将粤港澳
大湾区建设成为充满活力的世界级城市群、具有全球影响力的国际科技创
新中心、"一带一路"建设的重要支撑、内地与港澳深度合作示范区、宜
居宜业宜游的优质生活圈等五个定位，并在粤港澳大湾区城市群分工协
调、协同创新、互联互通等方面提出了要求。由此，中国沿海三大世界级
城市群建设均有了专门的规划予以指导。2019 年底，我国常住人口城镇化
水平达到 60.5%，比 2012 年的 52.6% 增加了 7.9 个百分点。生产要素的
自由化快速流动提高了空间效率。2018 年，京津冀、长三角和珠三角三大
城市群占全国 GDP 的比重在 40% 以上。党的十九大将区域协调发展战略
明确为国家重大战略，聚焦重点区域，分类精准施策，推动京津冀协同发

展、长三角地区一体化、粤港澳大湾区建设等重大国家区域战略向纵深推进，致力于打破行政藩篱，推动以行政区为基础制定区域政策向跨区域分类施策转变，不断增强不同区域的差异化发展与区域之间的协调性，以提升城市群的整体竞争力。

第三节　中国三大城市群与国外世界级城市群比较

中国作为世界第二大经济体，一方面，需要在现代化追赶进程中构筑具有中国特色的世界级城市群，代表国家在全球经济中发挥相应的功能，提升国家参与全球经济治理的能力；另一方面，需要着眼于区域间的均衡发展，通过世界城市的发展，整合周边区域，通过寻求具有全球竞争优势的世界城市建设与周边地区的优势互补，以提升腹地城市应对经济全球化新机遇与新挑战的能力。京津冀、长三角与珠三角三大城市群是我国的人口集聚中心、产业集聚中心和对外经济交往中心，专业化水平较高，城市群内部也基本形成了中心服务与外围制造的分工格局，是中国现代化水平最高和最具全球竞争力的地区。与国外世界级城市群进行比较，我国三大城市群在经济规模、人口规模上已经有了与之匹敌的能力，但是在一体化水平、在中心城市的全球功能上，与世界上其他高能级城市群还有不小的差距，尤其是在服务功能、金融集聚和经济发展水平等方面与纽约、伦敦等城市尚有不小的差距。顺应全球化、国家现代化的发展需求，2008 年以来，中央分别在长三角、珠三角与京津冀区域的发展规划中提出将京津冀、长三角、珠三角定位为世界级城市群，并对北京、上海、香港、广州、深圳等城市群中心城市提出扩展国际影响力的定位要求，适应并体现了中国百年现代化追赶与实现进程的阶段发展需要。

一、中心城市功能比较

作为世界级城市群的中心城市，往往是全球资本的控制中心、跨国企业总部的主要集聚地、高端服务的生产场所、也是全球的创新创意中心，具有高度活跃的国内外经济联系，是全球城市网络的重要节点和全球价值链的关键节点，在世界经济中发挥着至关重要的影响力。因此，中心城市的强弱直接决定了整个城市群的全球竞争力。

经济体量。经济规模是决定一个城市对全球资源要素能否有效集聚的前提条件。目前我国三大城市群中心城市距离纽约、伦敦与东京的差距较大。2012 年，世界银行将人均 GDP 超过 9206 美元的国家和地区划分为高收入国家或地区，将人均 GDP 处于 2976～9205 美元划分为中上收入国家或地区。由此可知，中国三大城市群的核心城市已经进入高收入地区行列，但与纽约、伦敦和东京的差距依然很大（见图 3 - 1、图 3 - 2）。

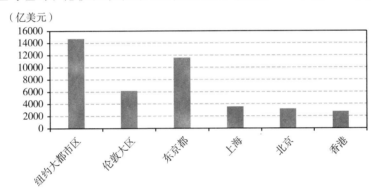

图 3 - 1　2013 年六大城市 GDP 比较

资料来源：美国国家统计局大都市区数据库，伦敦统计局，东京都统计局，香港统计处，上海、北京统计公报。根据当年平均汇率计算。

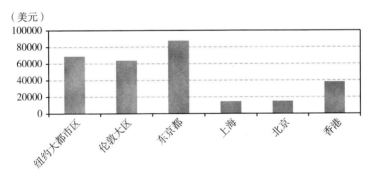

图 3 - 2　六大城市人均 GDP 比较

资料来源：美国国家统计局大都市区数据库，伦敦统计局，东京都统计局，香港统计处，上海、北京统计公报。根据当年平均汇率计算。

指挥控制。根据 2014 年《财富》杂志公布的全球 500 强公司来看，按城市拥有全球 500 强公司总部数量排序，前十位分别为：北京、东京、巴黎、纽约、伦敦、首尔、上海、大阪、莫斯科和休斯敦。纽约、伦敦、巴黎和东京就占了 97 个席位，全球 500 强企业中近 1/5 的总部被四大世界城市所包揽，而剩下 4/5 的总部分布在 222 个不同的城市。随着中国经济的发展，中国企业也逐渐成长，北京已经位居世界第一位，上海位居世界第八位（图 3-3）。

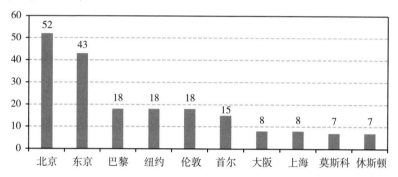

图 3-3 2014 年全球 500 强企业在全球主要城市的布局
资料来源：财富中国网。

世界 500 强企业总部的分布体现了本国城市对跨国公司的集聚能力，体现了该城市在全球经济中的地位。

产业结构。基于城市土地和劳动力成本的上升，制造业企业纷纷从大城市迁出，大城市产业结构逐渐转型为以服务业为主。无论从绝对规模还是从相对占比比较，中国三大城市群的中心城市的服务业发展均低于纽约、伦敦与东京。作为中国首个进入后工业化时代的城市，北京第三产业的规模和比重都不如纽约、伦敦和东京，如金融业、科技服务、信息服务等（见表 3-1）。

表 3-1　　　2011 年中心城市与英美日城市群核心城市三次产业结构情况

类别	东京	伦敦	纽约	香港	北京	上海	广州	深圳
第一产业	0.1	0.7	0.2	0.1	0.9	0.6	1.7	0
第二产业	12.1	12.7	10.4	6.8	23.4	41.5	36.8	46.5
第三产业	87.8	86.6	89.4	93.1	75.7	57.9	61.5	53.5

资料来源：东京都统计年鉴（2014），英国区域统计年鉴（2013）；纽约经济发展局报告；香港统计年鉴（2013）；中国四大城市统计公报（2011）。

金融功能。纽约金融服务业异常发达，华尔街是纽约美国联邦储备银行与纽约证券交易所的所在地，拥有全球最大的股票交易市场、黄金交易市场、期货交易市场、美元结算中心与世界第二大外汇市场。伦敦的金融业在全球市场上也占据了较高地位，在伦敦金融城以英格兰银行、伦敦证券交易所为核心的一平方英里范围内，集聚着上千家各种类型的金融机构与交易所，管理着全球的金融资产。伦敦金融市场中的证券交易所、金融期货交易所、金融衍生品交易所、石油交易所、金属交易所等，在全球市场上发挥着重要的资产配置功能。全球商品的定价机制主要集中在纽约、伦敦与芝加哥的金融交易市场，如伦敦金属期货交易所、芝加哥期货交易所、纽约期货交易所等。尽管上海、深圳等金融业在近些年也发展迅速，但国际定价能力很弱，还不是具有国际意义的金融中心。未来，中国城市群中心城市国际金融中心的建设，需要借助于城市群及国家开放经济下的大进大出的流量规模和人民币的国际化进程，推进金融市场创新，逐渐建立以中国金融市场为核心的全球商品定价体系。

二、城市群整体水平比较

人口经济规模是衡量城市群规模等级的重要指标。当前以美国东北部、五大湖、伦敦和日本东海道为代表的世界级城市群，是世界上最发达的城市区域，均具有较大的人口和经济规模。

经济规模比较。世界级城市群的经济规模巨大，甚至超过许多国家经济体。2011年，以伦敦为核心的英国东南部城市群地区生产总值约为11354亿美元。2013年，以纽约为核心的美国波士华城市群地区生产总值约为30828亿美元。如果把城市群与国家经济体相比较的话，美国东北部城市群相当于全球第5大经济体，而英国东南部城市群相当于全球第16大经济体。如果将进入或超过第20位经济体总量的城市群在经济规模上列为世界级的话，那么我国三大城市群的总体规模已经跃入世界级（见图3-4）。2013年，长三角城市群GDP折合美元为1.78万亿美元，排名第12位，同期珠三角城市群和京津冀城市群GDP折合美元为1万亿美元和0.86万亿美元，超过印度尼西亚，排在墨西哥之后，分别位居第16位和第17位。

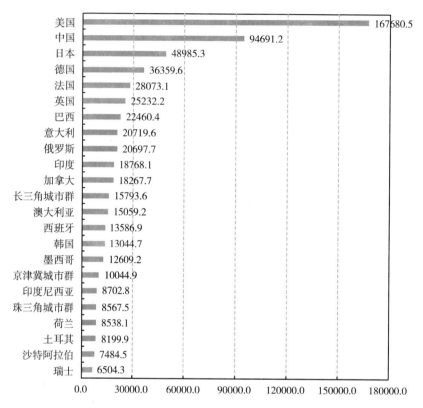

图 3 - 4　中国城市群与全球主要经济体生产总值比较（2013 年数据）
资料来源：世界银行、中国统计年鉴。

城市群经济一体化比较。从城市群发展历程看，城市之间存在着由互不关联、孤立发展演变为彼此联系、不平衡发展，再到紧密关联、一体化发展的规律。世界银行 2008 年发展报告《重塑世界经济地理》中将区域内部各个国家的人均国内生产总值的标准差变化系数作为衡量区域内部一体化趋同模式程度的重要指标。借用上述方法，这里衡量了美国东北部城市群 24 个城市，英格兰东南部 31 个城市和中国京津冀 13 市、长三角地区 25 市和珠三角地区 21 市人均生产总值的标准差系数，结果表明，英格兰东南部城市群的一体化程度最高，其次是长三角城市群和美国东北部城市群，再次是京津冀城市群和珠三角城市群（见图 3 - 5）。由此可知，尽管我国城市群在经济规模总量上已经跃入全球前 20 大经济体，但城市群内部的差距依然突出，城市群内部的一体化水平有待提升。

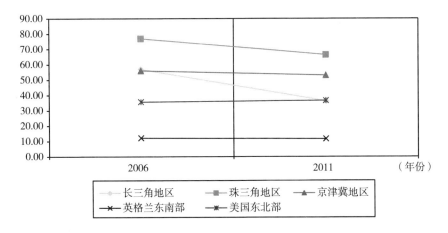

图 3 - 5　2006 年、2011 年城市群内部各城市人均 GDP 的标准差系数

资料来源：美国 BEA 大都市区数据库，英国区域统计年鉴（2013），中国城市统计年鉴（2007、2012 年）。

三、世界级城市群发展经验

城市群在不同的时代背景与不同的发展阶段，采取的发展策略也不尽相同。在城市群形成初期，其发展重点主要是解决中心城市的过度集聚带来的城市效率下降问题；在城市群发展中期，重点需要解决的是依靠核心城市带动周边地区发展的问题；在城市群发展的高级阶段，尤其是在全球化背景下，城市群主要解决的问题是多个城市的分工与专业化问题，以便提升整个城市群在全球的竞争力，使之成为国家参与全球竞争的重要平台。

中心城市带动中小城市共同发展。纵观全球各大城市群的发展历程，均呈现出大城市带动中小城市共同发展、互为支撑的格局，大城市将劳动力密集性和成本敏感性产业扩散到中小城市，中小城市借助于大城市的市场、技术等方面的空间溢出效应，在促进自身发展的同时，也为大城市高端产业提供了市场。在美国东北部城市群的形成发展过程中，纽约市凭借着强大的经济总量和服务能力，以现代化的交通网络、互联网等载体向周边城市输出资本、信息、技术劳动力和游客等，带动了周边中小城市的发展；日本东京市通过产业转移与周边中小城市形成了"总部—制造基地"的区域合作链条，并通过这一链条带动周边中小城市产业发展。中国以上海为核心的长江三角洲城市群在形成过程中，也呈现出了上述情形。改革开放初期，上海大量的技术人员自发地以"星期天工程师"的形式为江浙乡镇企业提供技术和管理方面的支撑。20 世纪 90 年代，随着浦东的开发开放，上海本地的轻纺工业、普通机械制造业等劳动密集型产业开始向周边地区大规模转移。到 20 世纪 90 年代中后期，跨国公司和本地企业开始根据价值链上下游环节对市场条件的不同要求，将生产和服务分别布局于上海及其周边地区，形成了上海服务与周边城市制造的分工格局。21 世纪以来，上海与周边地区的企业开始自发推动总部向上海、制造向周边的双向迁移，上海同周边地区的产业分工关系由垂直分工逐步转变为既有垂直分工，也有水平分工的竞争合作关系。

交通一体化成为城市群共同发展的基础。城市群内发达、完善的交通网络是推动城市群一体化的重要基础。19 世纪中后期以来，在电车和火车组成的快速、大容量交通系统连接下，城市之间的经济社会联系开始大幅度增强，由此也推动了城市空间由紧凑式的空间布局转向放射状发展，进而为城市群的经济活动奠定了基础。从美国东北部城市群的交通发展来看，1835 年，华盛顿和巴尔的摩之间修通了铁路，3 年后铁路就延伸到了纽约。1846 ~ 1847 年，纽约与奥尔巴尼、波士顿和布法罗被沿着伊利湖向前延伸的铁路干线连接了起来。铁路与运河的建设使得波士华城市群整体框架最终形成。当前以高速公路和铁路干线为主的区域交通系统将波士顿—纽约—费城—巴尔的摩—华盛顿五大城市及沿线城市连接起来，成为美国客运量最大、发车频率最高的交通走廊。借助于交通一体化的推进，城市群内各个城市间的经济社会联系得以大幅度增强，并形成一个紧密的整体。从英国东南部城市群来看，依托以伦敦为核心的铁路网络，伦敦与英国东南部其他城市互动非常密切。从到伦敦的人数来看，英国东南部和东部到伦敦的人口通勤量最大，分别为 50.7% 和 40.4%，总占比为 91.1%；在伦敦就业份额占比上，东南部地区占比为 22.4%。依据《大伦敦规划（2011—2030 年）》，为深化与周边城市的关系，伦敦加强了与英国东南部地区在交通、物流及其他基础设施（如开放性空间、教育、医疗以及其他服务）上的对接，通过区域政策实现伦敦与周边地区的一体化发展。

城市间在转型中形成了较好的分工。美国波士华城市群发展的初中期，波士顿的发展由于受到纽约的挑战，在区位上远离西部和南部腹地、商业优势不复存在的背景下，转而发展工业经济，在城市周边建设了洛厄尔纺织城等一系列工业城镇，从而形成了与纽约错位发展的格局。2008年，纽约—纽瓦克—泽西都市圈的制造业占比为5.61%，而其周边的阿伦敦—伯利恒—伊斯顿城市圈、布里奇波特—斯坦福德城市圈、东斯特劳斯堡城市圈、纽黑文—米尔福德城市圈制造业占比则分别为15.28%、14.5%、21.92%和15.56%，由此呈现一种中心服务、外围制造的分工格局。即便是进入后工业化时代，在整个城市群均以服务业为主导的产业格局下，其内部分工也较为明确。有学者通过调研位于伦敦中心和东南部8座城市148家生产性服务业企业发现，在伦敦中心的生产性服务业企业与东南部地区8个中心城市的生产性服务业企业之间存在着技术能力、功能导向和价值层级的不同（Kathy Pain，2008，2014）。伦敦的全球联系性较强，具有人口规模优势，集聚了大量需要面对面交流、非标准化的、复杂性较高、专业性较强的总部机构。而东南部地区8个城市的生产性服务业多数为一些专业性不太强的分支型办公机构，主要是服务次区域的市场需求，它们与伦敦中心的办公机构有着较为紧密的联系互动和知识层面的共享，并非竞争关系，而是互补关系。

建设"反磁力中心"，治理"大城市病"。从国外城市群的形成发展过程来看，均存在着中心城市因产业和人口过度集聚而产生"大城市病"的情况。比如，美国东北部城市群、日本东海道城市群和英国东南部城市群的形成过程中，都存在着人口过度向纽约、东京、伦敦等中心城市集聚而产生的房价过高、交通拥堵、贫民窟与犯罪、生态环境恶化等"大城市病"，而其解决此问题的途径，均选择了建设新城的做法。新城就是中心城市的"反磁力中心"。从英国东南部城市群发展历程来看，伴随着全国铁路网的建设，伦敦作为工业革命的中心地之一，人口规模迅速膨胀。100年中，伦敦人口从1801年的95.9万人上升到1901年的453.6万人，人口大于巴黎，是美国纽约的3倍，占英格兰和威尔士人口总和的12%以上，成为当时世界上最大的城市。1945 年，英国政府颁布了《产业分配法》，推动伦敦城区的制造业向周边地区主要是东南部地区转移。1964 年，英国政府提出发展对伦敦具有反磁力效应的第三代新城，这些新城主要设置在南安普顿—朴次茅斯、切尔贝利地区。1968 年，又提出依托现有交通道路发展少数几个地区。在这一背景下，东南部的米尔顿凯恩斯、北安普顿和彼得伯勒等新城开始建设。至此，英国东南部的内部联系逐渐提升，在新城的建设和发展中不断与伦敦进行互动，推动了人口向周边"反磁力中心"——新城的转移，减缓了伦敦这一核心城市因人口集聚带来的过大压力。《大伦敦规划（2011—2030 年）》提出，通过区域合作，伦敦与周边地区联合打造泰晤士门户和伦敦—斯坦斯特德—剑桥—彼得伯勒这一英国成长型区域，加强跨区域的联系，扩展这一区域的人口和经济容量；重点投资建设与伦敦地区相联系的城市走廊，包括西部楔形地域、温德尔谷和伦敦—卢顿—贝德福德走廊。日本在 20 世纪 80 年代后期，为了解决人口、产业在东京过度集聚的问题，一方面构建一日交通圈，另一方面通过千叶、埼玉、茨城等新城建设，有效减轻了东京的人口压力，推动了周边区域的发展。

城市群的结构优化离不开市场与政府的双重作用。在市场经济条件下，市场决定城市群的规模和形态，但基于城市群所在国家和地方政府的体制差异，也会使不同国家的城市群呈现不同的发展模式。大体来看，主要有两种模式：一是市场主导型城市群发展模式。从美国东北部城市群、英国东南部城市群的形成过程中可以发现，交易成本的下降、对前后向的联系需求、对成本收益的考量催生了城市间的彼此联系和要素的相互流动，进而导致了资源要素在某一区域的集中。二是政府主导型城市群发展模式。在美国波士华城市群的形成过程中，为推动区域整合，纽约州曾于1897 年立法，将曼哈顿、布朗克斯、国王郡（包括布鲁克林）、皇后郡和里士满郡合并成一个较大的城市，称为纽约城，并结合发展形势的需要组建了华盛顿和巴尔的摩大都市区、纽约—纽瓦克联合大都市区、费城—雷丁—卡姆登联合大都市区、波士顿—伍斯特—普罗维登斯联合大都市区等。英国政府也发布过《巴洛报告》《产业分配法》《1961—1981 年东南部地区研究报告》等，以推动伦敦城区的制造业向周边地区转移。日本、法国等政府也针对东京、巴黎的扩张和人口过度集聚采取过一系列措施。近年来，围绕维持并提升全球竞争力，欧美国家也开始制定与世界城市及城市群相关的区域规划。在经济全球化的大背景下，政府主导型是后发国家普遍采取的模式，尽管市场的影响日益凸显，但经济效果不仅取决于各种市场力量，还需要政府政策的推动。政府通过内部的资源整合，促使某一区域具有先发优势和规模优势。

第四章

现代化赶超与中国世界级
城市群的建设思路

作为国家地域权力的协调者，世界城市及其所在的世界级城市群是国家这一较大规模组织体系"全球本地化"与"再区域化"进程中的一个局部区域。国家通过"全球本地化"这一集聚战略来提升其主要城市区域的全球竞争力。因此，世界级城市群的形成与国家的尺度重构在全球资本主义转型的过程中是辩证地交织融合在一起的。国家必须用非常强的政治和制度意志将建设世界级城市群提升为国家战略，并对潜在的世界级城市群配置实质性的资源，从而引起调整型的变革。中国的世界级城市群建设，既需要发挥国家的战略引导、支撑作用，也需要地方主动参与到地域空间的重塑中来，形成国家力量在局部空间的最佳配置整合。

第一节　中国世界级城市群建设的功能与定位

世界级城市群的建设同我国在世界政治经济格局中的地位密切相关，世界级城市群的建设必须立足于中国现代化追赶进程，体现国家在全球经济体系中的地位，为服务国家的对外开放战略与区域协调战略提供了空间上的有效支撑。为此，中国世界级城市群的功能定位应聚焦在以下几个方面。

一、中国现代化建设的引领区

从国际发展经验来看，现代化往往由先发国家逐步过渡到后发国家，国家现代化也是从部分具备优势条件的区域率先发端、率先实现，再向其他地区扩展。京津冀、长江三角洲和粤港澳大湾区三大城市群，是我国经济最具活力、开放程度最高、创新能力最强、吸纳外来人口最多的地区，要顺应中国日益走进世界舞台中央的形势要求，以建设世界级城市群为目标，统筹中华民族伟大复兴战略全局和世界百年未有之大变局，发挥在各领域先行先试的改革探索与引领带动功能，力争在制度创新、科技进步、产业升级、绿色发展、区域协同等方面走在全国乃至世界前列，发挥其对区域现代化和国家各领域现代化发展的重要支撑和引领作用。

二、中国配置全球资源的核心区

打造全球一流的基础设施，建设具有全球竞争力的现代产业体系，形成一批世界级产业集群，聚集全球高端资源，实现企业经营、城市发展、人才集聚的全球化，加快形成国际竞争新优势，在更高层次参与国际合作和竞争，引领世界经济发展潮流。建立健全京津冀地区、长三角地区、粤港澳大湾区三大城市群核心城市国际金融、国际贸易、国际航运、科技创新、国际交往等领域的资源配置功能，加快制度创新和先行先试，深化城市间分工协作和功能互补，加快一体化发展，推进京津雄、上海及周边地区、广深港三个具有中国特色的组合型世界城市建设，将其打造成为开放程度高，资源配置效率高，辐射带动能力强，国际化、市场化、法制化的全球资源配置中心。

三、中国区域协同发展的示范区

依托京津冀、长三角和粤港澳城市群各自已有的良好合作基础，从提升区域整体竞争力出发，发挥各地比较优势，科学定位城市群各城市功能，优化城市群空间布局，形成优势互补、各具特色的协同发展格局。增强城市群内中小城市和小城镇的人口经济集聚能力，引导人口和产业由特大城市主城区向周边和其他城镇疏散转移，率先探索区域协同发展路径，引领中西部地区现代化进程。充分发挥雄安新区、天津滨海新区、首都机场临空经济示范区、上海浦东新区、南京江北新区、浙江自贸区、深圳前海、广州南沙、珠海横琴等城市群内重大平台作用，探索"飞地经济"等多种区域协同发展新模式，深化城市群各城市全面务实合作，促进人员、物资、资金、信息便捷有序流动，为城市群发展提供新动能，为国内其他地区更紧密合作提供示范。

四、全球重要的科技创新策源区

中国世界级城市群应成为具有全球影响力的国际科技创新中心。推进城市群现代服务业和先进制造业集聚集群发展，打造若干在全球具有影响力的世界级产业集群。强化中心城市与周边腹地的功能互补与一体发展，扩展城市群体量、流量与能量，扩大全球高端要素集聚能力，将三大城市群打造成为现代服务业和先进制造业基地。依托城市群规模经济优势，瞄准世界科技和产业发展前沿，加强多样化和专业化创新平台及创新链建设，大力发展新技术、新产业、新业态、新模式，加快形成以创新为主要动力和支撑的经济体系；扎实推进创新改革试验，充分发挥北京、上海、广州、深圳等中心城市科技研发与产业创新优势，破除影响创新要素自由流动的瓶颈和制约，进一步激发各类创新主体活力，建成全球科技创新高地和新兴产业重要策源地，引领全球科技潮流。

第二节　世界级城市群建设的国家路径

中国的世界级城市群建设肩负着两个使命：一是放眼国内市场，推进新型城镇化、新型工业化、信息化与农业现代化同步发展，不断扩大国家经济规模和促进经济结构升级，为孕育高能级的世界级城市群提供基础支撑；二是放眼外部市场，进一步扩大开放，提升投资自由化与贸易便利化水平，通过扩大进出口规模与调整经济结构推动中国经济与外部世界的循环，进而提升中国经济的全球要素配置能力。

一、通过新型城镇化提升本国市场需求与消费等级

自 2008 年世界金融危机以来，西方发达国家逐渐认识到产业空心化带来的风险，随着西方发达国家再工业化的逐步推进，我国通过出口缓解工业经济过剩的压力日渐增大。新型城镇化是刺激内需和提升产业升级的关键，因此将成为中国未来经济增长的重要动力之一。随着经济的发展，我国的城镇化速度正在加快。然而，由于城镇化进程滞后于工业化进程，城乡分割的户籍管理、土地与社会保障以及财税金融、行政管理等制度不完善等因素，一方面制约着人口要素的自由流动，另一方面也限制了人口消费能力的提升，因此，未来我国必须积极推进以市民化为核心的新型城镇化进程。通过农业人口的市民化和城市公共服务水平的提升，使城镇消费群体不断扩大、消费结构不断升级、消费潜力不断释放，进而为我国产业结构的转型升级提供持续的动力。同时，依托新型城镇化逐渐培育起国内市场需求，打造以我国为主的国家价值链体系，逐渐摆脱严重依赖外部市场和处于全球价值链低端环节的局面。通过新型城镇化的结构转换效应推动企业产品供给能力变化，并增强我国在开放经济条件下对外部市场的需求，进而形成以国内企业为中介、以满足我国内需市场为核心的全球资源要素的供给体系，提升中国经济的内生发展能力与对外部资源的配置能力。中国经济的增长与需求的升级，必然引发更多的跨国公司及国外企业围绕中国市场需求开发产品，落户中国城市群核心地区，进而增强中国世界级城市群对全球要素的集聚能力。

二、通过降低对外贸易投资成本提升对外开放水平

推进贸易便利化、投资自由化，接轨国际惯例，推动国际重大基础设

施的互联互通，实施双边或多边自贸区战略等，能够进一步降低有形与无形的贸易成本，提升跨国要素的自由流动水平，为国内城市群集聚全球资源奠定基础。中国自改革开放以来，逐渐融入全球化和区域经济一体化之中，贸易成本开始逐步下降。特别是加入世界贸易组织后，中国参与区域经济一体化进程加快，各种贸易壁垒逐渐消除，贸易成本开始大幅下降。以关税为例，早在 2010 年，中国加入世贸组织的降税承诺全部履行完毕。加入世界贸易组织 20 年来，中国关税总水平从 15.3% 降至 7.5% 以下，远低于入世承诺的 10% 平均税率水平。依据中国与有关国家或地区签署的协议，中国对《亚太贸易协定》成员方、东盟 10 国、智利、新西兰、新加坡、秘鲁、哥斯达黎加、瑞士、冰岛及中国香港、中国澳门、中国台湾等 24 个国家和地区的有关进口商品实施比最惠国税率更低的协定税率。当前中国正在积极推动"一带一路"倡议与自贸区战略，"一带一路"涉及的国家较多，普遍面临着工业化和城市化的双重问题，在发展上既需要外部资金、技术，同时也需要外部发展经验。尽管全球经济一体化趋势面临四分五裂的危险（张燕生，2014），可以预见的是，随着"一带一路"与开放型经济新体制的构建，中国将与更多的国家签署自由贸易区协定，我国与全球其他国家的贸易成本会进一步降低，将更好地发挥我国经济的规模效应，有效扩大我国城市群与"一带一路"沿线国家的投资和贸易规模，提升城市群集聚水平与产品的出口水平，提升世界各国和地区在人流、物流、资金流、文化流和商品流上的互动层次，提高我国城市群对全球高端要素资源的整合能力，促进本土跨国公司的成长，以提升中国城市群产业在全球价值链中的竞争力。

三、通过国内国际市场相互促进培育本土跨国公司

基于全球价值链和开放经济背景，中国本土企业大多数以国际代工嵌入国外跨国公司主导的全球价值链这一模式，使中国跨国公司的成长之路面临着巨大的技术挑战和市场挑战。所以，中国跨国公司的发展必须要在充分利用内需市场的基础上，主动进行产业链与价值链的重构，重构城市群内或城市群间产业链供应链与创新链关系，进而为城市群制造业转型升

级、提升价值和获取能力奠定坚实基础。这种成长路径意味着，我国要紧紧抓住内需的市场基础，将世界级城市群建设成为中国本土企业成长为全球范围内的跨国公司的主要平台，通过制度优化与产业分工合作，打造立足于中国市场的产业链条，降低中国本土企业的生产经营成本，逐步改变代工的发展模式，推进自主品牌建设，引导本土企业的生产经营机制理性回归到依托国内市场的生产中来，通过国内市场规模效应与城市群分工效应提升企业经营能力，逐步向外拓展国际市场，最终构建起适合我国跨国公司成长的发展模式。另外，通过跨国直接投资，能够组建起一个以我国企业为中心的生产网络，将不同国家的资源要素与我国的企业紧密连接起来。通过中国企业的"走出去"发展战略，将中国企业总部所在地城市与国外分支机构所在城市之间形成紧密联系，连锁形成以中国城市为控制中心的跨境供应链体系与生产网络，逐步提升我国相关城市的总部控制能力，增强我国城市在世界城市中的影响力，更好地利用好全球资金、技术、人才、信息等资源，获取更大的价值空间，突破现有全球价值链模式对我国经济发展的限制。

第三节　世界级城市群建设的地方路径

从地方层面来看，地方应在中央区域政策体系引导下，发挥地区比较优势，主动融入城市群分工网络，推动城市向特色化、专业化方向发展，增强创新发展动力，提升城市群一体化水平，促进各类要素合理流动和高效集聚，形成优势互补、高质量发展的城市群经济发展格局。

一、加快形成城市群分工网络体系

在市管县体制下，地级市作为一级行政区划，市区在整个地级市行政空间中承担生产中心、商贸中心、金融中心、消费中心、教育医疗中心与交通枢纽等职能，功能相对较为完整综合，与所辖县区形成中心—外围式的分工关系。交通、通信技术的应用与经济交流空间尺度的扩大，在城市群分工上，要求原先以服务地级市辖区为目标的市区综合服务功能向某一专业领域进行拓展，与其他行政级别的市区形成相互分工的网络关系。城市群内的核心城市（直辖市、省会城市、计划单列市），应该突出开放引领功能、科技创新功能、生产组织和管理服务功能，提高城市群的全球服务能级。其他地级市则发挥区域比较优势，或强化生产制造功能（如装备制造基地、原材料基地、电子信息产业基地等），或强化旅游消费功能，或强化生态保护功能，或强化港口物流功能等，形成优势互补的分工网络格局。

二、加快推动城市群产业转型升级

城市群和产业集群有利于促使国家在全球价值链参与中获得经济效益。地处于产业集群内的当地企业获得收益的机会更大。这是因为在参与到全球价值链的过程中，这些企业由于地理位置相近，它们与商业伙伴进行互动与学习的可能性大大提高，从而收益较大（世界投资报告，2013）。目前，我国很多大城市与中小城市之间的分工合作还不够深入，经济发展合作方式单一，仅限于某种产业或某种产品的合作关系，一些城市群内部的大城市与中小城市甚至还存在定位不清、产业结构雷同、同质化竞争等情况，削弱了区域整体竞争实力，使区域在现代经济竞争中处于不利地位。通过城市群发展，一是增强大城市对中小城市的辐射带动效用。大城市利用科技与人才优势，推动科技成果在周边中小城市的孵化，塑造总部—制造基地链条，建构起上下游分工与合作关系，提升中心城市对外围中小城市创新发展的支撑能力。二是增强外围城市对中心城市创新功能的支撑作用。技术创新来源于实体经济需求，中心城市创新力与服务力的提升也离不开其外围中小城市制造业转型升级的技术服务需求，大城市依托外围地区才能保持持续创新和持续繁荣。总之，中心城市与外围城市基于科技研发—生产制造—生产者服务的全球创新链共建共享，能够提升城市群产业的全球竞争力。

三、加快推动城市群一体联动发展

提升基础设施的互联互通水平，有利于降低生产要素流通成本，促进国内市场一体化的形成。加快推进城市群高铁与城际网络建设，进一步压缩城市群各城市联系的时空成本，推动资源要素在城市群内的优化配置，提升各城市生产效率，以城市群一体化为抓手完善要素流动保障机制。试点探索建立一体化的城市群公共设施融资机制与横向财政转移机制，构建跨地区商品、要素市场化配置的规则体系，完善跨地区市场监管、联合执法、案件移送、法律执行等政策措施的一体化机制，构建土地资源跨区域配置的一体化机制，率先探索实施"全国基本社保统筹＋省级附加社保"的社会保障模式。

四、加快提升城市群要素集聚水平

城市群发展要求其提升对全球要素资源的集聚能力。人才是经济全球化的第一和核心资源，城市群作为我国发展最好的区域，利用大国经济的内需市场规模，面向重点产业、科学领域发展需求，通过创建全球一流的科技创新创业环境，进一步吸引具有全球影响力的高端人才与领军人才，引进国内外高水平研究机构和创新型企业的总部、分支机构和研发中心，把国外先进的理念、先进的概念、先进的实践引进来，然后通过"本地化"，推动消化吸收再创新，使之成为全球创新要素流动的承接转化平台。强化高端产业引领，深度融入全球高端产业链、供应链和价值链，打造世界级先进制造业集群，增强自身在全球化中的竞争优势。总之，地方通过融入城市群实现空间生产重构，形成刘志彪和张杰（2012，2013）研究提出的创新环节全球分工，创新资源全球配置，创新能力全球协调，创新核心以中国为主的世界级创新服务与制造中心，提升中国城市群在全球经济发展中的影响力。

第四节　推动城市群中心城市向世界城市转型

作为外部链接最广泛、最密集的世界城市，是人才流、信息流、资金流等流动最为频繁的重要节点。随着我国参与全球化、区域经济一体化的加深，必然为城市群带来巨大的贸易和投资体量及流量，能够促使城市群的中心城市通过流量扩展而与外部其他城市建立广泛的联系，推进城市向世界城市功能跃升，这为中国城市群中心城市向世界城市转型带来了机遇。

一、将三大城市群中心城市打造成为国际金融中心

国际货币具有国际交易结算功能和储值功能，货币的国际化是国际金融资源聚集的加速器。人民币国际化一方面能够为上海、香港、深圳等地的金融机构提供新的业务发展空间，另一方面也有助于上海、香港成为人民币的清算中心和离岸市场。资本市场是国际金融中心发挥作用的主要渠道，它通过打造国际资本流动和交易的平台，成为金融资产的定价中心，继而在价格机制下，成为金融资本调配世界财富的核心场所和风险管理的核心领域。依靠巨大规模的市场和工业生产能力，中国已经成为仅次于美国的全球第二大投资东道国，初步具备了成为全球资本引力中心、资本蓄水池的潜力。但是，中国目前尚未有一个能与纽约、伦敦相媲美的国际金融中心，其主要原因在于中国缺乏一个发达的资本市场。从历史的演进过程看，金融创新是实现国际金融中心功能扩展和提升的根本途径。金融创新不仅能够扩大金融要素集聚的规模，也有助于提升金融中心的辐射带动能力。目前，国务院已经赋予上海浦东、深圳前海先行先试的权力，上海和深圳应充分利用中央赋予的政策优势，稳步推进金融创新，以集聚金融资源，提升金融辐射力。上海金融市场建设依托城市群及国家大进大出的贸易流量与规模，制订推进大宗商品交易平台建设的方案，稳步探索与推进原油、成品油、天然气、铁矿石等产品的人民币期货交易，有序地谋求我国大宗商品进出口的人民币计价权，并推动人民币的利率市场化进程，进而为国家参与全球竞争提供支撑。北京应以服务业扩大开放综合试点为契机，借助北京金融总部众多优势，逐步健全金融市场职能，促进与天津在金融创新业务协同发展，提升亚洲基础设施投资银行、金砖国家开发银行和丝路基金等国际金融机构的全球影响力，加强与国际金融机构的合作，构建多层次的金融服务保障体系，成为服务"一带一路"建设资金融通的重要枢纽。

二、将三大城市群中心城市打造成为国际贸易中心

国际贸易中心的形成离不开国内腹地的产业和市场支撑。张泓铭与尤安山（2011）认为国际贸易中心形成的主要标志为经济总量巨大、贸易规模庞大、港口货物吞吐量名列前茅、现代服务业发达、贸易主体多元化、金融高度对外开放、发达的电子商务 7 大标志。从我国城市群中心城市来看，我国城市群中心城市在现代服务业、金融高度开放上与纽约、伦敦、东京等城市尚有不小差距。因此，未来应充分利用城市群与国际市场的紧密联系等优势，发挥中心城市特殊功能区在对外开放上的先行先试优势，积极开展离岸贸易试点，推进制度创新，深化投资便利化、贸易便利化、金融创新改革，推进国际贸易中心建设，将中心城市打造成为国际贸易中心和城市群订单流、资金流的信息、管理和控制中心，服务城市群各地区产业拓展海外市场，提升这些城市在全球城市体系中的地位。为此，一是要积极承接服务业国际外包与逆向外包，提升中心城市在国际服务贸易中的地位。上海、深圳、广州、天津完善提升离岸贸易功能，打造第三方贸易服务提供商的集聚地。二是要推进城市群中心城市国际贸易中心平台建设。积极开展面向城市群的贸易促进活动，推进自由贸易试验区、临空经济示范区、综合保税区、跨境电子商务试验区等开放平台建设，将城市群中心城市尤其是海港性质的中心城市打造成为国际贸易中心，为城市群产业拓展海外市场提供服务支撑。

三、将三大城市群中心城市打造成为国际航运中心

从伦敦、纽约与新加坡国际航运中心的发展历程与现状来看，区域性、以货运为主的传统国际航运中心城市的重要性会不断降低，在国际航运市场所占的比重也会逐渐下降。国际航运中心城市的未来发展趋势和目标是成为全球性国际航运中心以及高端服务型国际航运中心（见表 4 - 1）。我国三大城市群拥有规模流量庞大的空港和海港，背靠雄厚的城市群腹地，并具有优越的自然禀赋和地理优势，具备打造国际航运中心的条件。

立足上海、天津、宁波、深圳、广州等国际航运中心建设,城市群港口型中心城市要形成服务优质、功能完备的现代航运服务体系,营造便捷高效、安全法治的口岸环境和现代国际航运服务环境,增强国际航运资源整合配置能力(苏云峰和计小青,2011)。一是提升港口货运流量。建立健全与国际规则相对接的体制机制,进一步吸引外资航运龙头企业以及跨国公司结算中心、利润中心等功能性机构入驻中心城市,依托自贸区试点,提升城市群国际航运中心的全球营运控制功能。二是提升国际航运中心的服务功能。依托自贸区的先行先试机制、政策优势和制度框架,实现自贸区与港口一体化运作,进一步扩大服务航运领域开放,构建适应新兴航运服务集聚发展的制度环境,有效提升国际航运中心的国际服务功能。三是大力推进航运金融业的发展。航运金融是国际航运中心功能提升的重要内容和关键环节,也是国际金融中心建设的重要领域,是国际金融中心和国际航运中心联动发展、形成整合优势的重要支撑。港口中心城市要充分依托国际航运中心的功能优势,把发展航运金融作为国际航运中心功能政策创新的重要突破口,大力推进航运金融产品和工具创新,不断优化航运金融发展环境,吸引船舶注册、管理、买卖、融资、保险、仲裁等航运金融机构落户天津,着力提升航运产业链金融服务能力,打造国际化的航运金融服务中心。

表4-1 高中低服务型航运中心的航运产业链特征

航运中心类别	产业特征	经济效益	服务范围	核心产业内容	代表城市
高端	知识+资本密集	附加值高	集中	船运交易及服务业(船舶注册与管理、航运交易、航运咨询、航运金融、海事仲裁、海损理算、航运组织)	伦敦、纽约(全球航运话语权中心)
中端	资本+劳动密集	附加值中	集中	邮轮经济、货运运输、船舶租赁、拖船作业等海运服务	香港、新加坡(全球航运服务中心)
低端	劳动密集	附加值低	分散	码头、集装箱堆场、仓储、货运、报关、物资供应、船员劳务等港口服务业	上海、深圳(全球航运物流中心)

资料来源:计小青等(2012)。

四、将三大城市群中心城市打造成为总部管理中心

中国世界城市建设的一个重要途径就是从过去追求产业规模到转变为培育和吸引产业领袖。随着中国参与经济全球化水平的提升，中国城镇化带来的内部高端需求所产生的较大国内市场规模必将成为国际资金、技术、人才等高端要素集聚的主要场所，而中国的城市群也必将成为外商直接投资的核心地区。其中，北京、上海、广州、深圳等城市群中心城市将成为国外跨国公司进入中国市场和本土跨国公司走向全球市场的前站和总部基地，在整合区域资源和强化区域内城市经济联系以融入全球化网络中发挥引导、协调与管理功能。因此，城市群的中心城市，应着力打造完善的交通、信息基础设施体系，构筑公平高效的法律制度环境，营造多元包容的文化氛围，创建适宜高端人才发展的生活与生态环境，集聚高素质的人力资源和科研教育资源，以促进本土和跨国公司总部的集聚，推进总部经济的发展，增强城市的协调力、控制力与影响力。

第五章

以首都北京为核心的
京津冀世界级城市群

京津冀位于我国北部沿海地区，面向渤海，背靠太岳，携揽"三北"，战略地位十分重要，是我国经济最具活力、开放程度最高、创新能力最强、吸纳人口最多的地区之一，也是拉动我国经济发展的重要引擎。有11个人口超过50万人的大中城市，共同组成京津冀城市群，是中国三大城市群之一。2014年，京津冀协同发展上升为国家战略。2015年，《京津冀协同发展规划纲要》（以下简称《纲要》）获得中共中央、国务院批准。《纲要》提出建设以首都为核心的京津冀世界级城市群。

第一节　京津冀经济与空间发展战略的演进

一、北京城市经济发展及战略演进

新中国成立初期，根据中央变消费城市为生产城市的方针以及发展首都工业、增加工人阶级在首都总人口比重的意见，北京市将发展工业作为首都建设最中心的任务。"一五"期间，北京市的发展重点是电子、纺织、机械、建材等行业。"二五"期间，受"以钢为纲"思想的影响，北京市工业建设重点开始转向重工业，燃料动力、冶金、机械、化工、建材等基础工业得到快速发展。1979 年，北京市重工业产值占全市工业总产值的比重达到 63.7%，重工业比重之高在全国仅次于辽宁，北京市成为重工业占主导地位的首都，这种情况在世界各国的首都中也是罕见的。过于偏重的经济结构导致北京市的能耗、水耗相对较高，与严重缺水和缺乏能源的资源禀赋不相匹配，超出了北京的资源承受和供给能力，北京市的生态环境面临着较大的挑战。诚如北京市政府在其 1987 年的首都发展战略中，对北京市城市问题的剖析：

在有限的地域空间内，由于受到自然资源、产业结构以及分割体制的制约，经济发展直接为城市提供的供给能力十分有限，而政治文化中心建设和为强化城市功能不可缺少的经济建设、城市各种设施建设等，都持续扩张着需求，造成总需求的急剧膨胀，超过了自然资源和社会资源的供给限度。这种状态的存在，必然导致城市系统里呈现"紧运行"状态，供需之间结构性失调异常突出，供不应求引起的局部"超紧运行"状态十分明显（陈一夫等，1989；薛凤旋和刘新葵，2014）。

1980 年，中央对北京工作的四项指示及国务院对北京城市规划的审批，重新定位了首都城市发展方向，要求北京不再发展重工业，要加快推动经济结构转型：一是向轻工业转化；二是向非污染性及对环境不干扰的工业转化；三是压制及减少耗水、耗能的重工业；四是向高科技、高增值工业转化。在这一方针指导下，北京工业比例开始不断调整。城市空间上，北京市的城市建设依旧延续了新中国成立以来以单中心向外扩张的方式。1982 版北京城市总体规划强化了以旧城为中心向外扩建的方式，推动城市空间向北、向西梯次扩张。1992 版北京城市总体规划延续了分散集团式布局原则，以市区为中心地区，推动城市空间向环绕其周围的北苑、酒仙桥、东坝、定福庄、垡头、南苑、丰台、石景山、西苑、清河 10 个边缘地区组团扩张。1997 年，北京市将首都经济发展定位为以知识经济为导向、以高新技术产业为核心、以第三产业为主导的开放型经济。伴随着北京经济结构的变化，从 20 世纪 90 年代开始，北京的许多工业企业相继退出了城区。至 2010 年，首钢实现完全搬迁之后，北京已经调整为以服务业为主导的经济结构，金融业、信息传输、软件和信息技术服务业、科学研究和技术服务业等生产性服务业已经成为北京的主导产业。北京中关村已经成为中国创新资源集聚程度最高的区域之一，成为有全球影响力的科技创新中心。适应产业要素向外扩散的需要，2005 年版北京城市总体规划提出了"两轴两带多中心"的城市空间布局。"两轴"主要指沿长安街的东西轴和传统中轴线的南北轴。"两带"主要指通州、顺义、亦庄、怀柔、密云、平谷的东部发展带和大兴、房山、昌平、延庆、门头沟的西部发展带。"多中心"主要指中关村高科技园区核心区、奥林匹克中心区、中央商务区、亦庄高新技术产业发展中心、顺义现代制造业基地等在内的重要功能区。新城是"两轴两带多中心"城市空间结构中两个发展带上的重要节点，是承担疏解中心城区人口和功能、集聚新的产业、带动区域发展的规模化城市地区。

遗憾的是，北京经济结构与空间结构的调整，并未解决北京"大城市病"问题，反而导致北京"大城市病"愈发严重。本书认为主要原因在于以下几点。一是北京产业调整始终没有跳出北京市行政辖区，在"一亩三分地"思维下，北京的产业集聚能力并没有下降，仅是内部空间的调整，由此导致外来人口的进一步集聚，加重北京城市运行的压力。二是尽管北京提出了多中心的城市空间发展思路，提出建设规划多个新城，但在新城建设上主要由新城所在的区一级政府为主体进行建设，结果在 2015 年之前没有一个新城能够成为反磁力中心，因为区一级政府财政实力有限，没有市级层面的全力支持，是难以取得快速发展的。如通州新城，2015 年之前的建设力度与之后的建设力度可谓是大不相同，北京市级层面的全力投入和支持是新城能否建设成功、功能是否合乎规划的关键。三是受 GDP 的影响较大。在以 GDP 为导向的发展机制下，城市规划部门的约束能力有限，政府部门在任期制下多考虑短期的和当前的利益，追求建筑的高容积率、高密度和高回报等，忽视长远的、整体的利益，甚至导致住宅用地挤占商业用地等问题的出现。

2014 年 2 月，习近平总书记视察北京并发表讲话，要求坚持和强化北京作为全国政治中心、文化中心、国际交往中心、科技创新中心的核心功能，并要求北京推动非首都核心功能疏解，优化三次产业结构，优化产业特别是工业项目选择，突出高端化、服务化、集聚化、融合化、低碳化，有效控制人口规模，增强区域人口均衡分布，促进区域均衡发展。习近平强调解决好北京发展问题，必须纳入京津冀和环渤海经济区的战略空间加以考量。中央出台的《京津冀协同发展规划纲要》中提出京津冀协同发展的基本出发点是有序疏解北京非首都功能、解决北京"大城市病"。重点疏解一般性产业特别是高耗能产业，区域性物流基地、区域性专业市场等第三产业，部分教育、医疗、培训机构等社会公共服务功能，部分行政性、事业性服务机构和企业总部，在疏解上提出要坚持集中疏解与分散疏解相结合的原则，对于行政功能和公共服务功能以及集聚发展要求较高的产业或生产环节，主要采取集中疏解方式，积极发挥规模效益和集约效益。2017 年 4 月 1 日，中共中央和国务院宣布设立雄安新区，将雄安打造成为北京非首都功能疏解集中承载地。与此同时，北京市也开始大力建设通州副中心，将通州副中心和雄安新区作为北京的新两翼。与以往历次规划所不同，按照新的发展理念编制的《北京城市总体规划（2016—2035年)》开始打破了以中心城区为核心向外扩张的空间发展格局，提出了"一核一主一副、两轴多点一区"的城市空间结构，① 将疏解中心城区非首都功能，推进北京副中心建设作为规划的重点内容，着力改变北京过往的单中心集聚的发展模式。

在新的发展理念指导下，北京市在经济上更加注重创新发展和减量发展。一是坚持走创新驱动内涵增长路子，发挥北京科技和人才优势，大力推进以科技创新为核心的全面创新，培育新产业新业态、新模式与新需求，巩固"高精尖"经济结构，提高经济质量效益和核心竞争力。二是牢牢抓住疏解非首都功能这个"牛鼻子"，以减量发展推动一般制造业企业、城区区域性专业市场向周边地区进行疏解，在疏解中提升对周边地区产业

---

① "一核"主要指首都功能核心区，"一主"主要指包括东城区、西城区、朝阳区、海淀区、丰台区、石景山区在内的城六区，"一副"主要指北京城市副中心，"两轴"主要指中轴线及其延长线、长安街及其延长线，"多点"指顺义区、大兴区、亦庄区、昌平区、房山区 5 个位于平原地区的新城，"一区"主要包括门头沟区、平谷区、怀柔区、密云区、延庆区，以及昌平区和房山区的山区生态涵养区。

发展的带动能力。三是更加注重区域协同发展，增强产业、园区、城市建设等方面与天津、河北的联动，引领带动周边地区增强发展能力，推动形成以首都为核心的世界级城市群。自 2014 年 2 月以来，北京先后推动 20 多所北京市属学校、医院向京郊转移，疏解一般制造业企业累计近 3000 家，疏解提升区域性批发市场和物流中心约 1000 个。首都科技、信息、文化等"高精尖"产业新设市场主体占比从 2013 年的 40.7% 上升至 2020 年的 60%。北京市常住人口规模自 2017 年以来持续下降，2020 年北京市常住人口控制在 2300 万人口以内。[①] 2019 年 1 月 10 日，北京市政府正式从东城区正义路 2 号迁往通州区副行政中心。

二、天津城市经济发展及战略演进

清末天津的开埠和近代化改革在天津的推进，推动形成了以天津为核心辐射整个华北、西北的港口—腹地发展模式，天津也因此一跃成为中国北方经济中心，形成了"北有天津、南有上海"的近代经济发展格局。1949 年以后，天津继续保持了直辖市的地位。国家"一五"计划将天津定位为沿海工商业大城市和老工业基地。"二五"计划强调天津"继续以工业为中心"，"三五"计划提出建设全国先进的生产科学技术基地，"四五"计划提出将天津建设成全国化学工业基地（杨振江，2004；卓贤、贾坤、施成杰，2016）。至改革开放前，天津发展成为以加工工业为主的综合性工业基地。期间，天津市的功能定位在河北省省会城市与中央直辖市之间，经过几次徘徊，1955 年天津市成为河北省省会，作为省内直辖城市，很容易淡出国家重点建设布局，河北省以天津为依托可以在全省统筹港口建设与工业布局，这一时期天津市不少工业企业也纷纷迁往河北原料产地，1958 ~ 1965 年，天津的工业年均增速仅为 0.85%，而全国的平均速度为 3.6%。1968 年，尽管天津市又由省辖市恢复为中央直辖市，但并没有实现天津经济的迅速增长和发展。曾宪植（2012）指出"探究天津经济

---

① 《京津冀协同发展到 2020 年目标任务全面顺利完成》，http://www.bj.xinhuanet.com/2021-03/04/c_1127165947.htm.

衰落的原因，除了与北京的不平等竞争之外，也与当时的国际国内大环境相关。为了战备的需要，我国在经济上制定了不发展沿海的战略。天津作为重要港口城市和对外联系窗口，属于控制发展的城市，其衰落也是必然的。"

改革开放以后，伴随着北京开始向服务经济和创新经济转型，天津依托工业基础优势和港口优势，在改革开放与经济发展上显示出了较大活力，在接替北京成为地区重化工业中心的同时，也成为北方承接外资发展外贸的重要基地。自邓小平发表南方谈话的 1992 年到"十五"计划末期的 2005 年，天津经济平均年增长 12.9%。1997 年 12 月，党中央、国务院赋予天津现代化港口城市、北方经济中心的功能定位。2006 年，国务院在给天津城市的总体规划批复中，将天津定位为国际港口城市、北方经济中心和生态城市。同年，国家批准天津滨海新区为综合配套改革试点，并将天津滨海新区开发纳入国家"十一五"规划。重大的政策利好，进一步巩固提升了天津在京津冀乃至环渤海地区发展的竞争优势，一大批央企、国企和外资企业纷纷落户天津滨海新区，涉外经济、土地管理、金融创新、科技体制、城乡融合发展等领域的改革率先在天津开始探索，推动天津滨海新区在环渤海乃至北方地区中的迅速崛起。需要指出的是，尽管天津被定位为北方经济中心，但是无论在区位交通、经济总量、结构升级、金融功能、科技创新、区域引领等方面，天津与北京均有相当大的差距。北京在功能定位上不是经济发展中心，但事实上发挥着经济中心的功能。高铁时空距离仅为 30 分钟的京津两地，由于在经济功能上的交叉，存在着一定程度的同质化竞争，从而加剧了区域内城镇、交通、产业等布局的不合理。

2014 年 2 月 26 日，习近平在北京主持召开京津冀协同发展座谈会时指出，推进京津双城联动发展，要加快破解双城联动发展存在的体制机制障碍，把合作发展的功夫主要下在联动上，努力实现优势互补、良性互动、共赢发展。2015 年国家出台的《京津冀协同发展规划纲要》则不再提及"北方经济中心"，而将天津定位为"全国先进制造研发基地、北方国际航运核心区、金融创新运营示范区、改革开放先行区"。在新的定位指引下，天津加快推动经济发展转型。天津有序退出落后产能，把创新摆在发展全局的核心位置，坚持以高端产业支撑高质量发展，全力构建"1+3+4"产业体系（智能科技产业+生物医药、新能源、新材料三大新兴产业+航空航天、高端装备、汽车、石油石化等优势产业）。建设以滨海新区为综合承载平台、宝坻京津中关村科技城等为专业承载平台的"1+16"承接体系，加强与国家部委、中央企业、大院大所的有效合作，积极承接北京非首都功能转移。2017~2018年，北京企业累计在天津投资达2077亿元，占天津全市引进内资的40.3%。天津与北京共建的天津滨海中关村科技园，自2016年11月揭牌至2019年3月，新增注册企业1061家，吸引一批优质项目纷纷落户。天津因此也出台了一系列便利化措施，有效承接北京的人流、物流、车流，如对京津城际实行月票制，对来天津的北京牌照小型、微型客车限行实行同城化管理等。天津全力打造北方国际航运枢纽。国家发展和改革委员会、交通运输部联合出台《关于加快天津北方国际航运枢纽建设的意见》，为天津港高质量发展注入了强劲动力。智慧港口、绿色港口成效不断显现，合规成本进一步降低，合规耗时进一步缩短。津冀港口合作不断创新，天津与河北签署《世界一流津冀港口全面战略合作框架协议》，以合作改变原先与周边唐山京唐港、沧州黄骅港的竞争格局，将天津打造成为京津冀城市群的开放门户。

三、河北经济发展及区域战略演进

计划经济时期，河北行政区划几经调整，如天津的划入划出，省会在保定、天津、石家庄之间的徘徊，部分县市划入北京和天津等，至改革开放之初形成了广泛被学界所诟病的行政区划格局。从河北行政辖区来看，北京可谓处于河北的心脏地区，而天津则为河北的出海口，整个河北的内外联系必须借助京津才可以实现，但在既有的行政区经济下，导致河北在借力京津还是独立发展上始终摇摆不定。① 河北省的战略发展思路是"提高两线、狠抓两片、建设山区、开发沿海"，即重点开发京广和京山铁

---

① 部分参考了张贵（2017）、曾宪植（2012）、卓贤等（2016）及河北省文件资料所形成的观点。

路沿线，黑龙港与坝上，太行山、燕山以及沿海地区。1986 年，河北提出了环京津战略，意图依托京津而实现自身发展，在改革开放初期京津都需要持续做大做强的背景下，河北将发展寄托在京津身上，其结果可想而知。1988 年，河北省又将经济发展战略调整为"两线一区"① 战略，开始重视沿海地区的发展。1992 年，河北省又将经济发展战略调整为"一线两片带多点"②，日益注重提升河北自身沿海的发展能力。1995 年，河北又正式提出"两环"开放带动战略，意图发挥环京津、环渤海的区位优势，实现"两环结合，内联入手，外引突破"。可惜的是，在京津极化效应之下，此时的河北并不具备借势发展、承接辐射的条件，改革开放后具备流动能力的河北优质资源快速向京津两城市汇集，以致在京津周边出现了贫困带。由于环京津、环渤海战略难以发挥功能，河北的战略又开始转向自我发展。2005 年，河北正式提出了"一线两厢"战略，以唐山、廊坊、保定、石家庄为线，以张家口、承德为北厢，以邯郸、邢台、衡水、沧州为南厢，以"我"为主进行发展，将借力京津调整为手段，由此也拉开了津冀在港口、重化工等产业领域的全方位竞争。2006 年，河北又提出了"建设沿海经济社会发展强省"的奋斗目标，"打造沿海经济隆起带，构筑区域发展新格局"。与此相伴随的是，河北加大了对沿海投资和推动工业企业向沿海转移的力度，曹妃甸新区、渤海新区也相继开始建设，2011 年 10 月，国务院批复了《河北沿海地区发展规划》，也标志着河北省依托沿海谋划自身发展战略的成型。

计划经济时期，由于重工业具有较强的原料指向，而太行山燕山山脉沿线具有丰富的矿产资源，如峰峰煤矿、武安铁矿、井陉煤矿、开滦煤矿等，河北工业项目主要布局在位居太行山燕山一线的唐山、保定、石家庄、邢台、邯郸等地区。如唐山、邯郸依托境内煤矿铁矿而成为冶金基

---

① 京广铁路沿线地区，京山铁路沿线地区，沿海地区。京山铁路，又称京榆铁路，是指中国一条由北京经丰台、廊坊、天津、唐山至河北省山海关的一段铁路的旧称，是老京哈铁路的一部分。老京哈铁路的京山段是我国 1881 年开始自己修建的第一条铁路。2006 年 11 月，中华人民共和国铁道部决定调整京沪、京哈等线的轨道区段。京哈线北京至南仓站间线路划入京沪线，而南仓站至山海关站间线路改称"津山铁路"。

② 秦皇岛唐山沧州沿海一线，以石家庄为核心的冀中南片区和以廊坊为核心的冀东片区，以开发区为代表的多点地区。

地，沧州因华北油田而成为石油化工基地等。国家"一五"时期165项重大项目中位于河北的重大项目主要有石家庄华北制药厂、保定化纤厂、保定胶片厂、604造纸厂、石家庄棉纺厂、邯郸棉纺厂、承德钢铁厂、峰峰马头（中央）洗煤厂、峰峰通顺2号立井等，多数位居太行山一线，并以此为依托形成了电力、资源加工、黑色金属冶炼、机器制造、化学与建材等为代表的重化工业。"一五"计划之后的"三线"建设时期，河北以"小三线"为依托进一步推动工业向太行山沿线布局。至1978年，河北省第二产业占比从1952年的18.79%上升至50.46%。改革开放以后，受河北发展战略摇摆的影响，河北没有能像广东、江苏、浙江、山东等省借助改革开放、发展外向型经济和民营经济的历史机遇，在既有历史路径依赖下，河北的工业愈发重工业化与传统化，河北的一些城市也未能在左右摇摆的战略中实现快速崛起。2013年，钢铁产业、石油化工产业、装备制造业、纺织业、医药产业、食品产业等传统产业占全省经济的比重为75%左右，唐山、邯郸、保定、石家庄等城市在同级别城市中的经济地位日渐下降。以保定为例，保定与北京、天津构成了"金三角"，北承首都产业功能转移，东借天津出海融入国家全方位开放进程，可以说在京津冀协同发展上颇具优势。连接大海、建设至天津的直达铁路可以说是保定百年来融入世界开放发展的梦想，早在清末和民国时期就被提出过。但1991年津保铁路保（定）霸（州）段完成可行性报告后，到1998年国家计委才批复，再至2010年开建，2012年重新加速，保霸段铁路建设可谓是一波三折，直到2015年才建成通车。梳理津保铁路①建设历程，我们发现最现实的尴尬是保定动力虽大但财力不足，而河北省则是有财力但是没有足够的动力，因为河北更希望保定货物走沧州黄骅港或唐山京唐港出海，"一亩三分地"思维下天津扩展港口腹地的困难可想而知。

2014年2月26日，习近平在北京主持召开京津冀协同发展座谈会时指出，着力加大对京津冀协同发展的推动，自觉打破自家"一亩三分地"的思维定式，抱成团朝着顶层设计的目标一起做。2015年颁布的《京津冀

---

① 赵天成：《津保铁路——一条筹划百年的铁路》，http：//baijiahao. baidu. com/s? id = 1601053990938133634&wfr = spider&for = pc 2。

协同发展规划纲要》指出，坚持"一盘棋"思想，科学确定三省市功能定位，增强整体性，立足各自特色和比较优势，着眼长远，体现三省市在有序疏解北京非首都功能、推动京津冀协同发展中所扮演的角色和肩负的责任，服务和服务于区域整体功能定位。河北省被赋予全国现代商贸物流重要基地、产业转型升级试验区、新型城镇化与城乡统筹示范区、京津冀生态环境支撑区的功能定位。2017年4月1日，中共中央、国务院决定设立河北雄安新区，并将河北雄安新区上升为是继深圳经济特区和上海浦东新区之后又一具有全国意义的新区。2017年4月1日，中共中央、国务院决定设立河北雄安新区的消息一出，犹如平地春雷，响彻大江南北。在以疏解北京非首都功能这一"牛鼻子"的引领下，北京将一般制造业企业、区域性批发市场和物流中心等加快向周边河北地区疏解。据新华社报道，"十三五"期间，河北省承接京津投资5000万元以上项目1171个。交通、生态环保、产业三个重点领域率先突破，北京大兴国际机场、京张高铁、太行山高速等一批标志性工程建成投用，"轨道上的京津冀"主骨架基本成形；张家口"首都两区"建设扎实推进，180万亩休耕种草任务提前完成；一批重大产业项目建成投产，承接京津落地项目总投资11348亿元①。

第二节　京津冀经济社会发展的主要问题

一、人口经济规模较大，地区发展差距相对较高

2019年，京津冀地区常住人口1.1亿，地区生产总值为8.45万亿元，以全国2.3%的地域面积承载了全国8%的人口，创造了8.6%的经济总量，人均生产总值约为7.5万元，是全国平均水平的1.03倍。北京是全国政治中心、文化中心、科技中心、国际交往中心、经济中心与国家综合交通枢纽，经济规模较大，文化包容性较强，就业机会较多，是华北地区带

① 新华社：《河北"十三五"期间承接京津投资超5000万元项目1171个》，http://www.gov.cn/xinwen/2021－02/19/content_5587753.htm。

动力外出就业的首选之地。其次，天津工业基础雄厚，科教资源众多，经济实力较强，开放水平较高，近代以来多数时间是华北地区的经济中心，是华北地区仅次于北京的区域性中心城市，也是吸纳河北、山东等周边地区外来人口就业的重要地区。

生产要素具有向本土市场效应与市场化程度较高的地方集中的规律，随着市场化水平的不断提升，京津冀地区生产要素主要向北京、天津两个直辖市集中，带来了较为严重的非均衡发展问题，导致河北与京津的经济发展差距较大。从经济规模来看，2019 年，北京市、天津市与河北省生产总值分别为 3.54 万亿元、1.41 万亿元和 3.5 万亿元，北京的经济体量超过河北的总和。北京和天津的经济体量分别是石家庄的 6.1 倍和 2.4 倍。从人均发展水平来看，北京和天津人均生产总值分别为 16 万元、9 万元，除唐山市人均生产总值略高于全国平均水平之外，河北其他各地市的人均地区生产总值均低于全国平均水平，而天津和北京都超过了 10 万元。从居民人均可支配收入来看，北京为 6.8 万元，天津市为 4.2 万元，河北仅为 2.6 万元。经济体量与人均水平两个方面的巨大差距，造成越来越多的人口向市场规模大、人均收入高的北京集聚，是京津冀城镇体系不合理的主要内在原因。

二、行政色彩相对浓厚，市场机制作用发挥不充分

北京行政条件优越，首都的功能定位使其集聚了一大批中央企业总部和知名院校、三甲医院等大量优质公共服务资源，在生产要素过度集聚推动资源要素价格上涨的压力下，北京借助财政补贴使电、气、交通等公共服务产品价格均低于周边地区的优势，不断吸引大量公共服务和资金、人才、技术以及高端发展平台、功能区等优质资源集聚京津两地，对周边河北地区的"虹吸效应"十分明显。为了吸引京津两地优势资源，河北一些市县采取竞相压低地价等手段招商引资，但却加剧了恶性竞争。京津冀地区国有经济比重过高，国有企业资产总额占全国的比重高达 60% 以上。受发展上的路径依赖影响，尽管改革开放以来民营经济和外资经济在京津冀地区也取得了较快发展，但大型国有企业依然在京津冀地区工业发展中占

据引领地位，尤其是在重化工业领域。2018年，京津冀三地国有控股企业工业资产占规模以上工业企业工业资产的比重分别为65%、49%和39%，国有控股规模以上工业企业数量占比分别为19.67%、10.85%和4.68%，较少的国有企业数量占比与较大的资产占比形成鲜明对比。同珠三角地区与长三角地区相比，京津冀统一要素市场建设滞后、市场化水平较低，行政过多干预造成的市场壁垒仍然存在，妨碍了资本、技术、产权、人才、劳动力等生产要素的自由流动和优化配置。

三、京津冀城镇体系不合理，"大城市病"依旧突出

京津两市过于"肥胖"，周边城市过于"瘦弱"、大中城市偏少，城市规模结构"断档"问题突出。京津冀城市群处于第一规模等级的超大城市只有北京，处于第二规模等级的特大城市只有天津，处于第三规模等级的大城市有石家庄、唐山、邯郸和保定4个城市，处于第四规模等级的中等城市有秦皇岛、邢台、张家口、沧州、承德和廊坊6个城市，处于第五规模等级的小城市和小城镇则多达1303个。从城镇人口在各规模等级城市的分布来看，第五规模等级的人口占比最高，为42.9%，第一规模等级次之，为27.5%，第二、第三和第四规模等级的人口总规模占比分别为11.7%、11.3%和6.6%，说明京津冀城市群内部的城市规模等级结构呈"哑铃"形，存在超大城市过大，小城市过多，中等城市数量较少、发展不足的问题，这不仅限制了大城市辐射带动中小城市加快发展，而且造成经济要素进一步向核心城市过度集聚，进而导致北京"大城市病"等问题的发生。北京的交通负担逐渐加大，房价日益高涨，环境污染日趋严重，城市承载能力受到严峻挑战，环境治理和城市运行的成本越来越大。根据高德地图《2015年度中国主要城市交通分析报告》，2015年北京是全国拥堵时间成本最高的城市，高峰拥堵延时指数2.06，平均车速22.61公里/小时，即北京驾车出行的上班族通勤要花费平时2倍的时间才能到达目的地，被中国老百姓称为"首堵"。此外，北京的雾霾也成为中国老百姓日常的谈资。

四、城市功能分工不合理、中心外围发展格局明显

北京已经进入以服务经济为主的后工业化阶段，但河北和天津还分别处于工业化中后期阶段和正在由工业化后期阶段向后工业化阶段转变的过程，主导产业以重化工业为主，由于重化工业以地方国有经济为主，在"一亩三分地"思维下往往存在低水平重复建设、无序竞争等现象。长期以来，北京和天津在城市功能定位和产业发展方向、区域资源开发及利用、基础设施建设等方面缺乏明确分工和协调；天津与河北在港口、钢铁、能源、化工等行业存在竞争。京津冀内部的城市功能分工不合理，不仅制约着各城市的经济社会发展，而且在一定程度上还影响了城市群整体的空间开发秩序和效率。区域性基础设施共建共享程度低，各种交通运输方式之间缺乏有机衔接，相对落后地区的基础设施发展缓慢，城市间经济联系较为松散。

生产性服务业呈现显著的单核心集聚特征。京津冀城市群的生产性服务业高度集聚于核心城市北京，而作为京津冀"双城"之一的天津，其生产性服务业发展则相对滞后。2014 年，北京生产性服务业从业人员占京津冀城市群的比重高达 68.1%，而天津仅占 10.3%。2003～2014 年，北京生产性服务业从业人员占京津冀城市群的比重提高了 4 个百分点，最高达到 2011 年的 70.9%。根据测算，北京在京津冀城市群中的城市功能专业化强度要远大于天津，且差距在不断扩大。

工业"双核心"集聚的特征非常显著。尽管北京和天津都是京津冀城市群的核心城市，但是京津两市工业从业人员数远多于河北的任何一个城市。[1] 作为核心城市之一，天津在京津冀城市群中的制造外向功能始终居于高位。根据测算，2014 年天津市的制造业流强度高达 2870.82 亿元，占整个城市群的 77.7%，是 2003 年的 7.42 倍，说明京津冀城市群的制造业

---

[1] 2014 年，北京和天津的工业从业人员分别为 159.94 万人和 165.83 万人，分别占到京津冀城市群工业从业人员总数的 26.3% 和 27.2%，分别是工业从业人员数最多的河北城市保定的 2.86 倍和 2.97 倍。尽管 2014 年以来随着北京工业的外迁，但是这种京津工业为核心的局面短期内难以全面改变。

在向天津快速集聚。在河北省各城市中，除唐山、廊坊、石家庄三市具有少量的制造外向功能外，其他城市几乎不具有制造外向功能，说明河北各市经济发展普遍较为滞后。河北财税主要来源于占比较高的传统行业，路径依赖下河北产业结构调整是一个长期过程。

第三节　推进以首都北京为核心的世界级城市群建设

按照《京津冀协同发展规划纲要》的要求，推进京津冀世界级城市群建设，需要从政府与市场分工、发挥核心城市辐射带动力、促进相邻城市同城化发展、明确城市群各市的功能分工、优化城市群城镇体系、培育新的经济增长极和加强从河北转型的政策支持等方面入手，推进京津冀世界级城市群的建设。①

一、落实四个功能定位，优化提升北京世界城市功能

北京城市战略定位是全国政治中心、文化中心、国际交往中心、科技创新中心，落实首都功能定位，北京必须有所为有所不为。不为在于推动非首都功能向外疏解，有为是以非首都功能向外疏解重新优化空间功能组合，增强政治中心、文化中心、国际交往中心和科技创新中心功能，把首都建设成为国际一流的和谐宜居之都，更具全球影响力的大国首都，形成以首都为核心的京津冀世界级城市群。

作为政治中心和国际交往中心，北京是中国的形象与象征，所面临的世界关注度和所需要发挥的影响力都将大幅提升。作为中国的首都，北京是中国政治机构的所在地，是对外政治经济诸领域国家决策的中心地，也

---

① 本节第二、三、四部分重点参考了肖金成、申现杰撰写的《京津冀世界级城市群发展研究》，引自河北省发改委宏观经济研究所课题组：《京津冀协同发展研究》，中国财政经济出版社2018年版。

是邦交国家使馆所在地、国际组织驻华机构主要所在地、国家高层次对外交往活动主要发生地、国家对外交往的重要航空枢纽地。同时，北京也是世界 500 强企业的重要集聚地。高层次企业总部设在北京的原因一方面是历史形成的结果，另一方面是这些企业希望接近中国中央政府的决策者。2016 年，北京有 58 家总部企业进入世界 500 强榜单，占中国入围企业比重超过五成（52.7%），位居世界城市之首。外资总部、科技创新型总部、金融和信息总部分别占全市总部企业问题的 1/7、1/5、1/4。第三产业占总部企业的 3/4。世界知名企业在京设立跨国公司地区总部达到 161 家，其中，国外世界 500 强企业投资的地区总部达 67 家①。伴随中国的大国崛起，需要首都北京在全球政治、经济、文化、社会、生态等领域增强大国首都的领导力、控制力和影响力，成为在全球关键问题领域提供中国方案、中国模式与中国示范的典范城市，在增强中国全球治理能力中发挥核心节点支撑作用。未来，随着中国在亚洲生产网络地位的进一步提升和政治影响力的增强，北京能够成为全球经济总部的亚洲所在地，在全球政治经济交往中发挥重要影响力，增强国家在全球经济中的资源配置能力。

作为文化中心，北京是国家主要历史文化、新闻、出版、影视等机构所在地和国家大型文化、体育活动举办地，文脉底蕴深厚，文化资源丰富，肩负着面向世界展示传播中华文化的重任。世界城市的一个重要辅助功能是意识形态的渗透和控制（弗里德曼，1986）。北京的历史文化具有全球吸引力。媒体和文化在吸引潜在游客、投资者与加强城市全球竞争力上的潜力。未来，需要依托北京的文化优势，通过创新创意与具有中国文化特征及元素的产品的输出，提升中华文化对世界的影响力，成为向全球展示与投放中国"软实力"的中心。

作为科技中心，北京拥有众多的科技创新机构、中国最大的科技成果交易市场，也是以科学、技术、工程和数学为主体的科技人才的集散地和培训基地。全球创新型城市承接"新经济"的发展，从而成为全球高科技

---

① 《2016 年北京总部企业达 4007 家 世界 500 强数量连续四年居首》，https：//www. sohu. com/a/129376184_ 114731。

产业技术标准制定和研发的"技术极",对全球经济发展和产业更新具有重大影响力(李健,2011)。围绕新一轮技术革命,依托国家产业规模优势,北京能够在新兴技术领域抢占技术制高点,在全球经济与本轮新技术革命中发挥影响力。

二、发挥京津雄引擎作用,提升对周边辐射带动能力

北京科教资源丰富,是全国科技创新中心,科技创新与研发设计实力较强,居于价值链高端地位。天津科教与工业基础较好,研发环节与高端制造环节均有相当优势,居于中高端地位。河北研发机构数量少、层次低,在研发设计环节明显处于弱势,高端制造业占比较低。总体来看,北京在京津冀城市群产业分工中居于核心地位,河北处在京津冀城市群产业分工的底端。《京津冀协同发展规划纲要》指出,北京、天津是京津冀协同发展的主要引擎。应进一步强化京津联动,全方位拓展合作广度与深度,加快实现同城化发展,共同发挥高端引领和辐射带动作用。而天津主要通过产业链条的延伸和创新、改革、开放功能的延伸来发挥其对河北周边地区的带动作用。未来,应按照"功能互补、区域联动、轴向集聚、节点支撑"的布局思路,形成城市群内部真正意义上的合理分工。根据产业区位选择原理和产业集聚规律,引导不同类型的产业在京津冀城市群合理布局,避免各自配套和重复建设行为的出现。

从京津冀整体发展来看,有序疏解北京非首都功能,可以起到三个作用:一是在推动非首都功能向外疏解的同时,大力推进内部功能重组,通过疏解为优化提升首都功能提供契机;二是通过非首都功能向周边地区的集中疏解和分散疏解,为周边地区集聚产业、人口要素提供机遇,提升周边地区的发展能力;三是通过疏解企业与北京中心城区关联功能,形成首都与周边地区的一体联动发展机制,推动京津冀协同发展和整体功能的跃升。对于集聚发展要求较高的产业或生产环节,主要采取集中疏解方式,发挥规模效益和集聚经济效益。对于集聚发展要求相对较低的产业,采取分散疏解方式,在北京周边的河北境内规划建设特色小镇,打造"微中心",有序疏解北京非首都功能。

　　以雄安新区为抓手，通过集中承接北京非首都功能，通过绿色宜居城市建设，吸引国资央企总部、研发机构、事业单位等高端机构入驻，为有效缓解北京"大城市病"创造空间，为京津冀建设世界级城市群提供支撑，并为全国的区域协调发展形成示范带动作用。通过创新引领区建设，塑造世界一流的制度创新、科技创新和完善创新创业环境，进一步吸纳各种创新载体，集聚京津及全国创新要素资源，逐步培育发展自身高端高新产业，吸引高新技术企业集聚，推动河北传统产业向高端转型；通过开放发展先行区建设，打造与国际投资贸易通行规则相衔接的制度创新体系和开放载体，有助于提升河北省的开放水平和市场化水平，进而改善营商环境，为京津冀培育区域开放合作竞争新优势创造新的条件。总之，以雄安新区为龙头，培育新的经济增长极。通过培育雄安新区这一新的区域增长极，使之成为北京的"反磁力中心"，促进全国、全世界的经济要素资源向雄安新区集聚，有效带动雄安新区周边区域的发展，进而推进京津冀城市群空间格局的优化。

　　天津要按照中心城市与周边地区实行垂直分工、中心城市之间实行水平分工的方式，推动产业链条向河北延伸。探讨专业化协作、集团化发展的新路子，形成与河北各市相互依存、衔接紧密的产业链条；推进港口合作，天津港应加强与唐山港、沧州港、秦皇岛港等港口的合作，通过相互参股、合作建设，使之成为利益共同体，提升港口经济竞争力。推进天津自贸区向唐山曹妃甸和沧州黄骅的全覆盖，并使之成为自贸区一部分，推动河北的市场化进程。探索建立产业转移跨区域合作机制，积极探索产业转移的新模式，实现优势互补、互利共赢。积极发展"飞地经济"，鼓励北京、天津大中型企业以委托管理、投资合作等多种形式与河北各城市合作共建产业园区。

　　垂直型区域产业分工格局，依托京津雄的带动作用，在京津冀城市群内部打造跨区域产业链垂直与横向分工模式推动整个产业集群在协作协同中不断升级。在跨区域创新链上，应充分发挥北京、天津的高校、科研院所与高端人才资源众多的优势，建立京津冀共享共用的区域科技创新体系，积极推进城市群内部科技创新资源和成果开放共享，为推进京津冀城市群引领我国产业结构由价值链低端向中高端升级提供坚实的技术支撑。在分工格局中，北京以原始创新和技术服务能力为核心，推进全球高端制造业基地建设，引领整个区域制造业的转型升级；天津要重点提高应用研究与工程化技术研发转化能力，高端制造业的集聚地；河北应强化科技创新成果应用和示范推广能力，积极推动传统产业的转型升级。

三、扩大河北省城市规模，构建梯度合理的城市体系

京津冀城市群规模结构存在明显的"断层"，主要短板在河北城市规模不足。《京津冀协同发展规划纲要》指出，京津冀地区城镇体系结构失衡，京津两市过于"肥胖"，周边中小城市过于瘦弱，城市群规模结构存在明显的"断层"。

未来在疏解非首都功能，提升京津双城高端引领、辐射带动的大背景下，京津冀地区尤其是河北省应重点推动石家庄、唐山、保定、邯郸等交通沿线城市加快发展，使其成为京津冀的经济增长极，增强节点城市的要素集聚能力。一是培育特大城市。冀中南地区缺少承上启下的特大城市，作为河北省省会的石家庄，区位交通优越，产业基础雄厚，发展潜力巨大，通过正定新区集聚产业和人口，发展成为人口超 500 万人的特大城市。二是培育大城市。唐山、保定和邯郸的城区人口规模尽管都超过了 100 万人，但是作为京津冀城市群的三级城市来说，人口规模仍然偏小，需要进一步扩大人口规模，未来应发展成为人口超过 300 万人的大城市；沧州、廊坊、邢台、衡水和秦皇岛目前的人口规模不足 100 万人，但是三者的发展条件优越，拥有发展成为 100 万人以上大城市的潜力（见表 5-1）。三是做"专"中等城市。张家口、承德，与周边城市竞争处于劣势，且张承地区作为京津的生态屏障和水源地，不适宜大规模集聚产业和人口，应依托其自然资源、历史文化等方面的禀赋，提升文化旅游、体育休闲等生活休闲功能。四是提升县城等小城市就地城镇化的吸纳能力。县级市、县城和建制镇作为当地的经济中心应加以政策支持，使它们也能集聚更多的人口，发展成为服务农业、农村和农民的中心，如表 5-1 所示。

表 5 – 1   京津冀城市群城市规模等级重构设想

城市规模等级	数量	城市
超大城市 （人口规模1000万人以上）	2	北京、天津
特大城市 （人口规模500万~1000万人）	2	石家庄、保定（含雄安）
大城市 （人口规模100万~500万人）	7	唐山、邯郸、沧州、廊坊、秦皇岛、衡水、邢台
中等城市 （人口规模50万~100万人）	14	张家口、承德、定州、涿州、辛集、大名（魏县、馆陶）、黄骅、清河、任丘、香河、三河、曹妃甸、昌黎、南宫
小城市 （人口规模50万人以下）	1286	其他县级城市、县城和小城镇（建制镇）

　　京津冀三省市虽然有了清晰的定位，但《京津冀协同发展规划纲要》（以下简称《纲要》）并没有对河北省各城市功能进行明确划分，《纲要》指出，位于中部核心功能区的河北廊坊市、保定市属于平原地区，重点是做好非首都功能的疏解和承接工作，推动京津冀地区率先联动发展，增强辐射带动能力；位于东部滨海发展区的河北沿海地区，重点发展战略性新兴产业、先进制造业以及生产性服务业；位于南部功能拓展区的河北省石家庄、邯郸、邢台市平原地区及衡水市，重点承担农副产品供给、科技成果产业化和高新技术产业发展功能；位于西北部生态涵养区的河北省张承地区则重点发挥生态保障、水源涵养、旅游休闲、绿色食品供给等功能。具体来看，石家庄作为河北省会城市，区位交通优越，产业基础雄厚，是河北的政治、科技和文化中心，发展潜力巨大。冀中南地区缺少承上启下的特大城市，由此作为京津冀城市群二级城市之一的特大城市"首当其冲"，石家庄的功能定位应为交通枢纽、商贸物流中心、现代医药之都。唐山是以煤炭、电力、钢铁、水泥、陶瓷等为主的全国重要的能源、原材料工业基地。未来要培育壮大钢铁、建材、能源、机械、化工五大产业，使其成为世界性钢铁基地；依托海港优势，通过提升产业和产品档次，发展高加工度制造业和集仓储、运输、服务等为一体的临港产业，使其成为世界重要的能源、原材料基地和制造业基地。秦皇岛未来要依托生态资源

优势，重点发展滨海旅游、文化教育、大健康服务业。在原有修造船及机械制造业基础上，推动海工制造业发展，逐渐将秦皇岛打造成为粮食物流港口城市、装备制造基地、现代国际旅游城市。邯郸要继续做大做强钢铁、电力、装备制造、医药等产业，同时依托其悠久的历史文化和西部太行山区的自然景观，积极推动文化、旅游等产业的发展，提升其作为历史文化旅游城市、精钢制造基地、装备制造基地的功能。沧州有华北、大港两大油田，是河北外向型工业基地和重要港口城市，未来要重点发展化工、电力、机械加工和其他临港产业，承担区域重化工业城市、能源物流港口城市功能。保定历史文化悠久，人文历史资源众多，文化教育也相对发达，汽车和零部件产业有着较好的基础，纺织服装、皮革箱包、电工器材等劳动密集型产业也具有优势，是承接北京一般性制造业转移的重要城市，未来应重点提升其作为历史文化旅游名城、汽车制造与新能源城市、现代制造业基地的功能。廊坊地处京津两大都市之间，是京津产业、人口转移的重要方向，今后在电子信息、新材料、新医药、先进制造的基础上，积极承接京津科技成果的转移，同时大力发展现代物流、会展旅游、食品等行业，做好京津两大都市的产业承接基地和服务基地功能。衡水、邢台两市人口规模较小，与周边城市竞争处于相对劣势，未来应在集聚产业的基础上扩大人口规模。衡水重点打造轻工业城市、农产品加工基地，邢台重点建设建材城市、机械装备制造基地。张家口和承德两市是京津的生态屏障和水源地，历史文化深厚，并有着独特的旅游景观资源，未来不适宜大规模集聚产业和人口。张家口重点打造休闲旅游城市、清洁能源装备制造基地。承德重点承担生态旅游城市、绿色食品加工基地功能。

有序地推进行政区划调整，设立新的地级市。河北省地级市太少，城市间距离太远，缺乏中小城市的支撑。打造城镇化与城乡统筹示范区，一个重要途径就是通过行政区划调整设立更多的地级市或县级市，这样才可以更加有效地推动城镇化与城乡统筹，也可以为疏解北京人口创造条件。新设立的地级市有以下几个选择：一是定州市。保定市域面积较大，对南部地区的带动性不强，因此建议设立地级定州市。二是辛集市。辛集已经成为省辖市，经济水平相对较高，可以在省辖市的基础上升格为地级市。三是黄骅市。将海兴、盐山与现有的黄骅市合并，成立新的地级黄骅市，与渤海新区一体化发展，突出黄骅市港口作用，集中力量推动涉港产业发展。四是任丘市。任丘市现隶属于沧州市，但距离沧州市中心、保定市中心和廊坊市中心均较远，难以获得现有地级市辐射，且经济发展基础较好，宜设立地级任丘市。

四、以重点功能区为引领，深入推进京津冀产业合作

河北省各市在京津冀产业垂直分工中处于低端位置，由于城市功能的不完善，很难集聚高端产业以促进整个区域产业的转型升级，应以雄安新区、天津滨海新区、通州副中心、曹妃甸新区、正定新区、冀南新区等新区为引领，进一步优化城市空间布局与功能分工水平。

推进北京大兴、通州、天津武清与廊坊的同城化发展。一是依托北京城市副中心建设，推进北京通州、廊坊北三县（三河、香河、大厂）、天津宝坻区的同城化发展。北京市委、市政府迁往紧邻廊坊北三县的通州区，为北三县与通州区、宝坻区的同城化发展带来了契机，河北应与北京、天津联合制定通州与廊坊北三县的同城化规划，推动道路与地铁等线路的建设与衔接，优化公共服务资源的跨区域配置，逐步提升同城化发展水平。二是依托首都大兴机场，推进北京市大兴区，廊坊市区、固安与天津武清区的同城化发展。应在城际铁路建设、临空产业差异化发展、城镇建设上进行有效衔接，借鉴广州市与佛山市同城化案例，形成一体化的发展新格局。河北省应加大对廊坊市与北京市通州区、大兴区同城化的支持，促使同城化的顺利开展，推动北京南部、东部与廊坊形成系统、配套的空间格局。河北省应支持廊坊市、保定市在全面放开外地人落户的同时，通过 PPP 模式，提升廊坊、保定等距离京津较近地区的教育、医疗等公共服务条件，为吸纳人口、产业向廊坊、保定转移打下基础。

推进沿海新区互动融合发展，打造沿海城镇发展带。依托秦皇岛北戴河新区、唐山曹妃甸新区、天津滨海新区、沧州渤海新区等重点功能区的开发建设，通过加强津冀沿海港口规划与建设的协调，优化配置区域港口资源。结合港口经济发展，加强港城之间的互动，促进临港开发区与城市建设的有效融合。围绕港口节点之间的交通网络建设，在严格保护自然岸

线资源的基础上，重点推进战略性新兴产业、先进制造业以及生产性服务发展，形成以交通轴线、临港开发区、滨海休闲旅游地相结合的产业集聚与城镇发展带。推进天津滨海新区与唐山曹妃甸区的同城化发展。同时，唐山作为河北工业第一大城市，通过与天津的同城化发展，一方面促进基础设施与城市功能的相互对接与配套；另一方面也可以促进产业之间的相互协作与产业链条的相互对接。尤其是在港口方面，曹妃甸具有深水港，而天津港限于自身条件，开挖深水港成本较高，曹妃甸与天津港的协作，可以促使各自规模水平和产业集聚能力的提升。

依托正定新区，提升石家庄对冀中南地区的辐射带动作用。将正定新区升格为国家级新区，是提高石家庄城市能级的重要举措。从京津冀城市群来看，北部有北京，东部沿海有天津，而河北省缺乏特大城市作为吸纳人口、产业的载体。从河北省的战略演进来看，始终关注环京津地区和沿海地区，对中南部区域的政策支持相对较弱，导致河北中南部地区的人口纷纷向北京、天津集聚，也使石家庄城市的规模始终难以扩大。不管从城市人口规模还是从建成区面积上看，石家庄均低于郑州、合肥、济南等省会城市，未来应顺应城市群发展态势、冀中南城镇化进程和经济发展水平的提高，进一步做大做强石家庄。当前石家庄市已经制定了跨滹沱河发展的战略方针，并将正定新区作为城市功能拓展的重要载体。河北省政府在集中精力支持雄安新区建设的同时，也需要从区域平衡发展的角度重视正定新区建设，通过正定新区这一载体，引领整个冀中南地区的发展。此外，也需要推动邯郸城市发展重心东进，进一步为提升冀南新区集聚水平创造条件。

总的来看，2015年中共中央、国务院批准《京津冀协同发展规划纲要》开启了京津冀世界级城市群建设的新篇章，规划提出建设以首都为核心、生态环境良好、经济文化发达、社会和谐稳定的世界级城市群。京津冀城市群的产业以重化工业为主。北京在京津冀地区产业分工中居于核心地位，河北处在京津冀地区产业分工的底端。在城市群发展格局上，长期以来北京"一极"独大，且面临着较"大城市病"等问题。京津冀世界级城市群建设，就是要以北京为突破口，通过有序疏解北京非首都功能，大力推进内部功能重组，为优化提升首都功能提供契机，也为周边地区集聚产业、人口要素提供机遇，推动形成跨区域产业链垂直与横向分工模式，进而实现京津冀协同发展和整体功能的跃升。同时，京津冀城市群应着力优化城市功能布局，构建以首都为核心、雄安和天津为支撑的组合型世界城市，提升京津冀城市群的全球竞争力。落实北京四个功能定位，优化提升大国首都的指挥协调功能。加快推进国资央企总部及科研机构向雄安转移，建设北京非首都功能集中承载地。推进天津全国先进制造研发基地、北方国际航运核心区、金融创新运营示范区、改革开放先行区建设，打造京津冀城市群对外开放的门户城市。发挥京津雄的引擎作用，提升对京津冀其他地区的带动能力。扩大河北省城市规模，构建京津冀梯度合理的城市体系。以重点功能区为引领，深入推进京津冀产业合作。

第六章

以上海为龙头的
长三角世界级城市群

　　长江三角洲是一个自然地理学概念，是指以江苏仪征为顶点，向东沿扬州、泰州、海安、枏茶一线为北界，向东南沿大茅山、天目山东麓至杭州湾北岸一线为西南界与南界的冲积平原，面积约 4 万平方公里（刘雅媛和张学良，2020）。广义的长江三角洲则超出上述地域范围，是一个不断扩展的经济地理空间概念。1997 年，上海市与江苏省的南京、苏州、无锡、常州、镇江、扬州、泰州、南通八市，浙江省的杭州、宁波、绍兴、湖州、嘉兴、舟山六市共同组建了长三角城市经济协调会，2003 年浙江省台州市加入之后共有 16 个城市，这就是传统学术研究上普遍以这 16 个城市作为长三角研究对象的由来。经过多年的发展演进，长三角经济地理空间范围不断延伸。2010 年，国务院批准的《长江三角洲地区区域规划》将长三角的规划范围确定为上海市、江苏省和浙江省，区域面积 21.07 万平方公里。规划以上述 16 个城市作为核心区，统筹两省一市发展，将长三角城市群打造成为我国最具活力和国际竞争力的世界级城市群，辐射泛长三角地区。2014 年，《国务院关于依托黄金水道推动长江经济带发展的指导意见》将皖江承接产业转移示范区、皖南国际文化旅游示范区纳入长三角城市群。2016 年，国家发展和改革委员会印发的《长江三角洲城市群发展规划》在原有的两省一市范围的基础上，将安徽省的合肥、芜湖、马鞍山、铜陵、安庆、滁州、池州、宣城8市纳入，由此长三角范围扩大至26市，国土面积21.17万平方公里，该规划提出将长三角城市群建设成为面向全球、辐射亚太、引领全国的世界级城市群。2019年，中共中央、国务院印发的《长江三角洲区域一体化发展规划纲要》在26市基础上，将长三角规划范围确定为上海市、江苏省、浙江省、安徽省全域（面积35.8万平方公里），其中以上海市，江苏省南京、无锡、常州、苏州、南通、扬州、镇江、盐城、泰州，浙江省杭州、宁波、温州、湖州、嘉兴、绍兴、金华、舟山、台州，安徽省合肥、芜湖、马鞍山、铜陵、安庆、滁州、池州、宣城等27个城市为中心区（面积22.5万平方公里），辐射带动长三角地区高质量发展。① 提出要加强都市圈间合作互动，高水平打造长三角世界级城市群。本书对长三角城市群界定为长三角地区的27个城市，空间范围与中心区同。

第一节 长三角城市群经济社会发展的基本状况

一、长三角城市群的发展现状

长三角地区位于东亚地理中心和西太平洋的东亚航线要冲，是我国沿海通道与沿江通道的重要交汇地带，在国家现代化建设大局和全方位开放格局中具有举足轻重的战略地位。综合交通运输条件便利，经济腹地广阔，拥有现代化江海港口群和机场群，高速公路网比较健全，公路、铁路交通干线密度全国领先，立体综合交通网络十分发达。优越的区位交通条件，大幅降低了区域内外货运与贸易成本，有利于进一步彰显区域规模优势，汇集人流、物流、资金流与技术流，为区域代表国家参与全球竞争与促进内部协调发展创建了良好基础。

---

① 将温州市加入中心区。

（一）人口经济规模较大

改革开放以来，长三角地区经济取得了较快发展。2019 年，长三角地区人口 2.27 亿人，GDP 高达 23.6 万亿元，占全国人口和 GDP 的比重分别为 16.2% 与 24%，高于广东省与京津冀地区。其中，长三角中心区 27 市人口与 GDP 的比重约为 12% 与 20.58%。[①] 2019 年，长三角地区人均 GDP 为 10.39 万元，是全国平均水平的 1.48 倍，分别是广东、京津冀地区的 1.1 倍和 1.39 倍。长三角城市群被哥特曼誉为世界第六大城市群，随着中国经济在世界经济地位中的不断上升，中心城市上海已经成为世界知名的全球城市。2020 年，上海在全球城市体系中的地位已经上升至第 5 位，而 2000 年时仅为第 31 位。

（二）城镇体系较为完备

长三角城市群大中小城市齐全，拥有 1 座超大城市上海，1 座特大城市南京，14 座大城市、9 座中等城市和 45 座小城市（见表 6-1），各具特色的小城镇星罗棋布，城镇分布密度较高，多到每万平方公里 80 多个，是全国平均水平的 4 倍左右，常住人口城镇化率 70% 左右（国家发展和改革委员会，2016）。

表 6-1 　　　　　　　　长三角城市群各城市规模等级

规模等级		划分标准 （城区常住人口）	城市
超大城市		1000 万人以上	上海市
特大城市		500 万~1000 万人	南京市
大城市	Ⅰ型大城市	300 万~500 万人	杭州市、合肥市、苏州市
	Ⅱ型大城市	100 万~300 万人	无锡市、宁波市、南通市、常州市、绍兴市、温州市、芜湖市、盐城市、扬州市、泰州市、台州市

---

① 2014 年，长三角城市群 GDP 13.1 万亿元，总人口 1.6 亿，分别占国家生产总值和人口总数的 20.58% 与 11.7%。

规模等级		划分标准 （城区常住人口）	城市
中等城市		50 万 ~ 100 万人	镇江市、湖州市、嘉兴市、马鞍山市、安庆市、金华市、舟山市、义乌市、慈溪市
小城市	Ⅰ型 大城市	20 万 ~ 50 万人	铜陵市、滁州市、宣城市、池州市、宜兴市、余姚市、常熟市、昆山市、东阳市、张家港市、江阴市、丹阳市、诸暨市、奉化市、如皋市、东台市、临海市、海门市、嵊州市、温岭市、泰兴市、兰溪市、桐乡市、太仓市、靖江市、永康市、高邮市、海宁市、启东市、仪征市、兴化市、溧阳市、瑞安市、乐清市
	Ⅱ型 大城市	20 万人以下	天长市、宁国市、桐城市、平湖市、扬中市、句容市、明光市、建德市

资料来源：《长江三角洲城市群发展规划》。

（三）人口集聚能力较强

长三角城市群是我国流动人口的重要集聚地。2005 ~ 2010 年，上海（25.31%）、浙江（14.36%）、江苏（4.01%）分别位居我国省际人口净迁入率的第一名、第三名和第六名。2000 年，上海外来人口的 66.1% 来自安徽、江苏和浙江。2010 年，尽管来自安徽、江苏和浙江的人口有所减少，但依旧在 50% 以上（见表 6 - 2）。2019 年，上海市、浙江省、江苏省常住人口分别比户籍人口多出 959 万人、811 万人与 212 万人，安徽是人口净流出地，2019 年常住人口比户籍人口低 753 万人。从人口集聚的内部结构来看，上海、杭州、南京、宁波、苏州、合肥等直辖市、省会城市、计划单列市是人口的主要流入地。如杭州市、南京市、合肥市常住人口分别比户籍人口多出 140 万人、241 万人和 48 万人，苏州和宁波常住人口分别比户籍人口多出 352 万人与 246 万人。

表 6 - 2　　　　　2000 年、2010 年迁入上海的外来人口结构

省份	2010 年比重	排名	2000 年比重	排名
安徽	29.0	1	32.2	1
江苏	16.8	2	24.0	2

续表

省份	2010 年比重	排名	2000 年比重	排名
河南	8.7	3	4.1	3
四川	7.0	4	7.3	4
江西	5.4	5	6.0	5
浙江	5.0	6	9.9	6
湖北	4.5	7	2.7	7
山东	4.2	8	2.1	8
福建	2.9	9	2.8	9
湖南	2.5	10	1.4	10
其他省份	14.0		7.5	
合计	100		100	

资料来源：上海第六次全国人口普查数据。

（四）对外开放水平较高

多年以来，长三角地区一直处于中国对外开放的前沿，是中国对外开放的核心载体之一。20 世纪 90 年代，上海浦东开发开启了中国融入世界经济体系的新篇章。中国加入 WTO 后，长三角地区主要的开放型经济指标长期位居全国前列，进出口总额、外商直接投资、对外投资约占全国的 1/3。党的十八大以来，长三角地区开放的窗口效应不断彰显。上海自由贸易区的建立、两届中国国际进口博览会的举办等，充分凸显了长三角地区的整体合作优势和独特作用。① 今后一个时期，国家将更高层次的对外开放与对内开放相结合，致力于打造高水平的国际化开放平台，实现全球高端要素的有效整合，长三角地区有望在中国新一轮更高层次的开放中发挥引领作用。

---

① 《从"规划纲要"看长三角（下篇）——智库答问》，https：//news. gmw. cn/2019 – 12/24/content_ 33424079. htm。

二、长三角城市群地区的发展问题①

（一）区域发展不平衡不充分问题依然存在

长三角城市群地区发展不平衡不充分既体现在省份之间，也体现在省市内部地区之间。2018 年上海、江苏、浙江、安徽一市三省的人均 GDP 分别为 13.5 万元、11.5 万元、9.9 万元与 4.8 万元。安徽的发展水平相对较低，是长三角城市群地区推进一体化发展的短板。就长三角内部地区而言，上海都市圈、杭州都市圈、南京都市圈、苏锡常都市圈、宁波都市圈（区）、温州都市圈（区）、金义都市圈（区）及合肥都市圈地区城镇化与工业化水平较高，区域人口和外来人口主要集中在上述都市圈地区，人均 GDP 最高的区域是江苏西南部地区、杭州和宁波都市圈。上海作为长三角城市群地区发展的龙头，地理位置处于最东端，而杭州、南京、合肥位置相对较好，但其综合辐射带动功能明显不足，与上海差距较大，且在高端功能集聚上面临着来自上海的竞争。由此，导致苏北、浙南、皖西北等区域缺乏明确的辐射带动核心支撑，发展相对落后，与其省会市及其周边地区发展差距较大，尽管人口规模也不小，但并非外来人口流入地区。

（二）区域要素市场一体化仍然存在障碍

受行政区经济的影响，基于辖区利益出发的政府经济政策在一定程度上限制和割裂了经济内在联系，影响和制约了生产要素合理流动和有效配置，长三角内部各地方政府大多从地方利益出发进行市场体系的规划，导致地区之间的市场标准监管规则不统一，执法标准不一致，进而影响到长三角整体市场规则和秩序的统一化。我国现行的地方政府考核体系仍然以

① 该部分观点形成过程中参考了以下文献：王青、刘培林、王立坤、刘红霞：《长三角要素市场一体化研究》，引自国务院发展研究中心课题组：《长三角区域一体化的战略路径》，中国发展出版社 2020 年版；孙轩：《长三角空间发展一体化布局研究》，引自同上；上海市人民政府：《上海市国民经济和社会发展第十四个五年规划和二○三五年远景目标纲要》；兰宗敏：《长三角区域协同发展的特征：问题与政策建议》，引自侯永志、张永生、刘培林等：《区域协同发展：机制与政策》，中国发展出版社 2016 年版，第 144 页。

GDP、财政收入、招商引资等指标为主，在晋升激励制度和利益补偿分享机制缺乏的双重作用下，以邻为壑市场分割的问题难以得到根本性解决。属地化管理模式下，长三角区域劳动力市场一体化仍存在较大障碍，城乡或不同城市或地区之间的户籍壁垒和公共服务供给不均等，仍难以适应现代流动社会对劳动力自由流动的要求。属地管理模式下公共服务供给以户籍为底本，各地方均愿意吸纳青年劳动力到本地工作缴纳相关社会保障基金，而支出却希望由其户籍所在地承担，结果导致长三角各地方政府不愿为外来农民工提供均等化公共服务，区域公共服务难以实现真正的对接共享，外来流动人口难以获取市民化公共服务待遇。

（三）区域一体化发展体制机制仍待健全

虽然长三角地区已经建立了多层面的区域协同机制，但总体来看仍存在一些缺陷与不足。第一，区域协作的有效机制仍不完善。目前，长三角地区的区域协作多通过较为松散的议事机制实现。一方面，权威性不高，缺少类似于京津冀区域的国家层面协调机制；另一方面，制度化不足，缺乏对区域长远协同发展的统筹把握和长期规划，难以高效有序持续地实现区域协同。第二，区域法律和规范协调不足。目前，长三角地区立法协调机制基本上还处于空白。不同地区在税收优惠政策、劳动用工、道路交通和环境保护等法规方面存在冲突。在技术标准、行政规划、惩罚尺度、法律效力等方面也存在较大差异。第三，市场化机制欠缺，当前长三角的区域协同大多数仅限于政府之间的合作，企业和社会力量的参与几乎没有。还没有形成政府协调与市场机制的良性互动。政策协调过程也缺乏公民诉求表达机制。第四，跨区域跨流域生态环境协同治理长效机制尚未建立，区域、流域、上下游、左右岸的生态环境治理责任分担、利益共享机制缺乏，区域生态补偿、区域排放权交易等市场化污染减排机制缺失或有待持续完善，难以协调各主体之间的利益分配，实现上下游目标、标准和管理的一致协调。

（四）上海城市能级持续提升的挑战较大

上海作为长三角世界级城市群建设的龙头城市，经历40多年的改革开放，已经具备了成为高能级的总部集聚、战略性全球平台的基本条件，成为国内最有条件发展为比肩纽约、伦敦、巴黎、东京的全球城市。从效率上来看，正如上海"十四五"规划所指出的，上海的国际影响力、竞争力和全球要素资源配置能力还不够强，创新驱动发展动能势能亟待加强，城市品质仍需不断提升，教育、医疗、养老等公共服务供给和保障水平有待进一步提升等。破解这些问题的关键在于突破既有空间的限制。因为多年的开发已经导致上海可供开发的城市空间有限，如何优化存量及向外拓展城市发展空间已经成为上海进一步发展的主要障碍，如上海自贸区与临港片区的建设用地相当短缺。目前，上海土地开发强度已经超过30%，远超长三角平均水平，也远超巴黎、伦敦、东京等国际大都市水平。在有限的空间中，人口规模持续增大，能源资源供给有限，水资源安全保障风险较高，资源环境紧约束的局面已经相当严峻。未来，上海的发展与功能提升，需要进一步向外拓展空间，即依靠打造以上海为核心的都市圈来为上海的经济社会转型谋取新空间。从目前来看，"上海都市圈"的规划和建设落后于纽约、东京、伦敦等全球城市为核心的都市圈，并且面临着较大的发展问题：一是上海都市圈内的城市，如苏州、南通、嘉兴等城市开发强度也相对较高；二是在当前属地化管理体制下，上海如何通过上海都市圈实现对周边城市的资源整合，跨越行政区划实现土地、人口、基础设施和公共服务等资源要素的高效配置。

第二节　以上海全球城市建设引领
城市群现代化发展

在上海开埠之前，长三角地区是长江东西航道与大运河南北航道重要的交汇地区，紧邻太湖的苏州、扬州依托运河而率先成为经济中心。1840年鸦片战争后，上海开埠后海运的兴起与漕运的逐渐废弃，长三角的经济中心开始由苏州逐渐转向上海。近代以来，铁路、公路和航运等综合交通体系的改善，促使上海逐渐发展成为全国贸易中心，拥有全国最广大的腹地范围，而传统的贸易中心苏州、杭州则不得不让位于上海，成为上海的商品集散地。1864～1904年，上海的对外贸易总值大概维持在全国的

50%，约50%的进口洋货由上海转运至国内各埠，而每年经上海转运出口的全国各埠的本土货也在全国出口货值中位于首位。1936年，长三角区域内埠际贸易货值中，向上海输出的货物占该地输出总货物一半以上的地区有南京、杭州、苏州、宁波、温州，而由上海输入货物占该地区输入货物80%以上的地区包括芜湖、苏州、杭州、宁波、温州（刘雅媛和张学良，2020）。新中国成立之后的很长一段时间，为支持内陆发展和三线建设，工业基础较为雄厚的长三角地区成为国内重要的劳动力、技术、资本的输出地，在推动内陆地区发展上作出了较大贡献。

一、上海肩负国家现代化使命

在改革开放之后，早在20世纪80年代出现了一批活跃在江浙一带的上海"星期日工程师"。上海国营单位的技术人才弥补了江浙一带的乡镇企业缺乏技术人才的短板，使苏州、无锡、常州地区成为上海智力及技术技能资源的强辐射区。为更好地发挥上海的引领带动作用，把上海尽快建成国际性的经济、贸易、金融、航运中心，进而带动长江三角洲及整个长江流域的经济发展，中共上海市委、市政府向中共中央、国务院提出浦东开发开放的基本构想。1990年4月18日，国务院正式宣布开发开放浦东，在浦东实行经济技术开发区和某些经济特区的政策。1992年10月，国务院批复设立上海市浦东新区。1990年上海浦东开发开放之后，上海引领区域发展的中心地位进一步夯实。1992年，中国共产党第十四次全国代表大会又一次明确提出了上海"以上海浦东开发开放为龙头，进一步开放长江沿岸城市，尽快把上海建成国际经济、金融、贸易中心之一，带动长江三角洲和整个长江流域地区经济的新飞跃（又称'一个龙头、三个中心'的发展战略）"。1994年5月，国务院总理李鹏在上海调研时提出，上海要建成国际航运中心，由此上海从"一个龙头、三个中心"目标扩展为"一个龙头、四个中心"。为了推进上海国际航运中心建设，1995年8月，上海市提出了在距离上海最近的浙江舟山海域洋山岛建设深水港区的战略构想。2005年，洋山深水港区的港航行政和口岸一并纳入上海市政府管辖之后，上海具备了赶超韩国釜山、中国台湾高雄、中国香港、新加坡等国际大型港口的载体。2001 年 5 月，国务院原则同意《上海市城市总体规划（1999—2020 年）》，该规划对上海城市性质做了新的界定：上海是我国重要的经济中心和航运中心，国家历史文化名城，并将逐步建成社会主义现代化国际大都市，国际经济、金融、贸易、航运中心之一。规划也提出了上海城市发展目标：2020 年，把上海初步建成国际经济、金融、贸易中心之一，基本确立上海国际经济中心城市的地位，基本建成上海国际航运中心。2014 年，习近平在上海调研时要求上海加快向具有全球影响力的科技创新中心进军。2015 年召开的中共上海市第十届委员会第八次会议提出了建设成为具有全球影响力的科技创新中心的奋斗目标。至此，国际经济中心、金融中心、贸易中心、航运中心、科创中心成为上海引领中国现代化的主要城市发展目标与功能定位。随着中国经济在全世界经济格局中的快速崛起，上海在国际经济中的地位日渐提升。2019 年，上海港集装箱吞吐量达到 4331 万标箱，连续 10 年蝉联全球集装箱吞吐量第一。与此同时，随着高速公路、高速铁路、城际轨道等交通设施的不断完善，苏南、杭州湾、苏北等相邻地区与上海的经济联系进一步紧密，并在对外开放中与上海共同形成了价值链上的梯度分工关系，在城市功能上形成了较强的功能连接与交互，发挥了对区域经济的较好引领作用。

二、推进卓越的全球城市建设

2017 年 12 月 15 日，国务院批复原则同意《上海市城市总体规划（2017—2035 年）》，规划明确了上海的城市性质：上海是我国的直辖市之一，长江三角洲世界级城市群的核心城市，国际经济、金融、贸易、航运、科技创新中心和文化大都市，国家历史文化名城，并将建设成为卓越的全球城市、具有世界影响力的社会主义现代化国际大都市。该规划提出了三个阶段的城市目标愿景：2020 年，建成具有全球影响力的科技创新中心基本框架，基本建成国际经济、金融、贸易、航运中心和社会主义现代化国际大都市。2035 年，基本建成卓越的全球城市。2050 年，全面建成卓越的全球城市。着眼卓越全球城市建设，未来上海应依托国际经济中心建设所形成的规模、研发、金融、制度创新等方面的优势，围绕"五个中心"建设，引进与培育全球性航运、金融、商务、研发、会展、文化创意等专业性服务机构在园区集聚、集中、集约发展，集聚全球大型跨国公司在沪布局，设立采购与分拨中心、亚太结算中心、亚太市场营销中心、亚太研发中心等，将上海打造成为亚太经济的生产组织中枢，提升制造业和生产性服务业在全球价值链中的地位与国际竞争力。

（一）增强国际经济中心能级

加快推进上海国际经济中心城市建设。一是重点发展现代服务业和先进制造业，全面构建高端化、集约化、服务化的新型产业体系，提升上海整个产业能级。借助于长三角区域诸多城市国际化基础上的广泛对外经济联系，发挥连接国内经济与世界经济桥梁作用（周振华，2006）。发挥上海开放引领作用，在"双循环"发展新格局中疏通外部生产性服务流入内地和内企海外扩张的双向渠道，发展知识型经济和服务型经济，最终实现成为"国际经济中心、贸易中心、金融中心、航运中心、科创中心"的目标，向"世界经济的治理中心"的阶梯式功能演进（马莉莉，2014）。二是顺应后工业社会要求，提升城市空间承载力与国际化的城市品质。三是依托长江经济带建设，扩大上海经济腹地。腹地对城市群中心城市建设世界城市有重要支撑作用。上海与北京、广州甚至香港相比，优势之一就是上海作为长江的入海口，腹地广阔，既是长三角城市群的首位城市，也是长江经济带中重要的龙头城市。现阶段，上海与长三角城市联系度较高，与长江中上游省会城市有一定的联系度，与长江中上游的中小城市几乎无经济联系（高国力、陈梦筱、申现杰等，2015）。从客流来看，上海与长三角地区城市的交通往来频繁，尤其与上海的紧密腹地城市和次紧密腹地城市铁路和公路交通往来最多，沪宁和沪杭沿线城市和上海的联系最频繁。上海和长江中上游省会城市的铁路公路联系比长三角地区班次密度小，航空联系相对较多。随着国家长江经济带战略的深入实施，上海与长江经济带这一巨大区域的经济联系度会大幅增强，因此，上海建设世界城市，需要进一步增强对长江经济带这一广阔的中国南部腹地的经济联系。

（二）拓展国际贸易中心功能

长江经济带历来是海、陆丝绸之路的商品源头与动力源头，具有服务东西双向开放的优势。上海是"一带一路"与长江经济带的联动汇合区域，是国家"一带一路"倡议的引领核心区，上海在对外开放合作中的任务，应围绕打造引领长江经济带对外开放的门户这一定位。一是充当起全球经济网络的重要核心节点，对现有和即将到来的中国企业参与全球竞争承担起提供资金、生产管理、控制与服务等功能；二是发挥先行先试下的引领与推动作用，推进上海的先进经验与制度面向长三角乃至长江流域的复制推广，提升长江流域与全国的整体开放水平。因此，未来除了打造货物与服务的国际贸易中心之外，也应着力将上海打造成为长江经济带各省市的贸易促进平台。首先，推进网络基础服务设施与国际贸易信息服务平台建设，将上海打造成为网上国际贸易中心；其次，依托离岸贸易试点，将上海打造成为第三方贸易服务提供商的集聚地。

（三）提升国际金融中心功能

金融危机彰显了虚拟经济的弊端，上海作为中国的金融中心城市，未来国际金融中心的构建，应基于中国和长三角的实体经济发展需求，以推动中国实体经济的良性循环发展为己任，着眼于中国的大国开放战略，依托国家的政策支持，推进金融领域业务的不断创新，成为国内、国际金融资源集中配置的主要场所。上海国际金融中心建设，一是争取国家金融管理部门支持，加快推进金融改革创新，尤其是在人民币资本项目可兑换、金融市场利率市场化、人民币跨境使用、外汇管理体制改革等方面的开放与创新力度，建设具有国际意义的金融交易平台；二是进一步完善上海股票、债券、期货等各类金融市场，配合国家战略做好原油期货、股指期权等重要定价产品的上市，探索完善各类人民币产品市场等，打造全球金融与国际贸易的人民币计价中心；三是以建设人民币跨境投融资中心为重点，提高上海金融的国际化水平，如扩大人民币面向全球的清算网络、拓宽境外投资者参与上海金融市场的渠道和规模，不断提升上海参与国际金融竞争、配置全球资源的能力；四是围绕中小企业与科创企业发展需求，探索创新金融支持实体经济发展的模式，为长三角城市群产业转型升级提供金融支撑。

（四）推进国际航运中心建设

上海要实现世界级国际航运枢纽城市的地位，必须依托长三角、长江经济带这一广阔腹地，大力发展高端航运服务业，带动长江黄金水道与沿海港口经济发展，服务国家区域发展大局，提高我国在全球资源配置中的能力和影响力。一是提升全球要素资源的集聚水平，依托上海港的规模与流量，创造与国际规则相对接的体制机制，提升上海国际航运中心的全球营运控制功能；二是进一步提升大宗商品航运定价中心的职能，增强上海对全球市场价格的影响力与控制力；三是通过争取国家支持，先行先试提升国际航运中心的国际服务功能，扩大服务航运领域开放，构建适应新兴航运服务集聚发展的制度环境。四是大力推进航运金融业的发展，把发展航运金融作为国际航运中心功能政策创新的重要突破口，大力推进航运金融产品和工具创新，不断优化航运金融发展环境，吸引船舶注册、管理、买卖、融资、保险、仲裁等航运金融机构落户上海，着力提升航运产业链金融服务能力，打造国际化的航运金融服务中心。

（五）推进全球科创中心建设

从全国来看，除了北京科技资源与上海能够比拼之外，其他城市的科技资源都难以与上海相比拟。未来，在卓越全球城市与引领世界级城市群建设中，上海着眼于建设成为具有全球影响力的科技创新中心，应围绕新一轮技术革命中处于核心地位的技术，积极提升科技创新与高科技产业在全球的影响力，表现为：一是加大前沿技术和基础领域的研发投入力度，依托长三角推进产业联盟等新产业自组织发展，在"高、精、尖"领域抢占技术制高点，推进相关高新技术的产业化发展，提升上海在全球经济中的影响力。二是创建全球一流的科技创新创业环境。注重建造更多开放便捷的"众创空间"，促进企业在园区的集聚与创新，同时以园区为载体，创建产学研用平台，提升园区的灵活性、专业性与多样性。建立与国际标准相对接的知识产权保护制度，营造良好的创新创业环境。三是打造国际高端创新人才与应用技术人才的汇集高地。全球城市是创新阶层的高度集聚地，未来上海应发挥中国（上海）自由贸易试验区和张江国家自主创新示范区政策叠加和联动优势，率先开展人才政策突破和体制机制创新。同时，发挥科技类高校集聚的优势，重点推进科技人才建设，将上海打造成为国际应用技术人才的集散地和培训基地。

三、发挥上海的龙头引领作用

面向未来、面向全球，上海建设卓越的全球城市，关键是提升城市综合服务功能与服务水平，这是上海带动区域发展和提升全球竞争力的关键一环，这要求上海持续扩大经济腹地，与周边地区建立更好的合作关系，以腹地支撑扩张上海的信息、资源、技术、人才等方面的流量体量，进而提升上海的城市发展功能。

（一）推进上海都市圈建设

2017 年上海市发布的"上海 2035"城市总体规划将上海大都市圈概括为上海、苏州、无锡、常州、南通、嘉兴、宁波、舟山、湖州 9 个城市。2019 年 12 月，中共中央、国务院印发《长江三角洲区域一体化发展规划纲要》，提出要推动上海与近沪区域及苏锡常都市圈联动发展，构建上海大都市圈。对接国家的要求，上海将上海大都市圈空间规划空间范围限定在上海和苏州、无锡、常州、南通、宁波、嘉兴、舟山、湖州的"1＋8"区域范围。从经济体量来看，上海大都市圈是我国 34 个国家级都市圈中的"带头大哥"。2019 年，上海大都市圈陆域面积约 5.4 万平方公里，常住人口 7125 万人，地区生产总值超 10 万亿元，占全国的比重 10%。其中，上海 2019 年实现地区生产总值 3.8 万亿元，是我国最大的经济中心城市。苏州、宁波、无锡等地区生产总值均已破万亿元，经济发达，成熟度较高。

在都市圈空间布局上，上海要着重提升以上海为核心的"五个中心"的综合服务功能，加快带动都市圈其他区域城市的现代服务业发展，形成对象错位、服务内容配套、服务功能协调的多层次服务体系，把都市圈建设成为以上海为核心，各功能区和节点城市有机联系，产业廊道聚集的开放、高效、有序的区域网络空间体系，通过中心城市溢出效应的发挥与推进制造业与低端服务业的有序转移，既为上海城市人口和产业品质的提升创造空间，也为带动和促进地区协调协同发展提供支撑。上海都市圈建设的重点在于打破行政区划束缚，谋求在重点领域协同推进的较大突破，为其他都市圈建设发挥示范引领作用，表现为：一是打破区域壁垒，推进技术共研，探索建立跨区域的政产学研的合作机制，组建跨区域的研发团队，联合开展科技攻关，集中突破一批关键核心技术，聚焦重点领域，推动产学研用联合攻关，加快科技成果转移转化，提升制造业产业链水平，推动世界级制造业集群建设。二是完善基础设施网络布局，共同提升互联互通水平，加快建设区域轨道交通网络、构建便捷高效的公路网络。通过开放共享互通，打造良好的创新生态，强化政策协同制度衔接，推进公共服务普惠共享，将上海都市圈打造成为世界级城市群核心区。

（二）推进产业向长三角地区梯次转移

立足上海在国家对外开放中的门户地位，依托中国较大经济规模与多样化的市场需求，对接跨国企业靠近市场就近生产的需求，提升相关产业园区承接新一轮国际高端产业转移的能力，使上海成为承接国际高端产业资本梯度转移的重要平台。发挥上海生产性服务业和高技术制造业对整个区域的辐射带动作用，通过在长三角内统筹规划布局产业链，增强区域经济的整体联动发展，提升经济带的产业核心竞争力。为此，一是需要将整个城市群的各城市发展规划进行对接，以形成明确的错位分工，构建协同互补发展的良好局面；二是需要探索建立产业转移跨区域合作机制，积极探索产业转移的新模式；三是需要鼓励龙头企业发挥市场主体作用，加快在长三角进行兼并重组和投资布局，以加强城市群内部的分工联系。

（三）提升长三角地区外贸一体化水平

发挥上海自贸区对长三角城市群开放经济新体制建设的引领作用，推进自贸区经验在长三角城市群其他城市的复制推广。充分发挥上海对外开放的辐射效应、枢纽功能和示范引领作用，将在投资、贸易、金融、综合监管、负面清单、港航制度、营商环境等领域制度创新成果与创新经验率先向长三角城市群其他城市复制，积极促进上海与长三角各市区域贸易全方位合作，带动长三角地区更高水平开放。依托主要交通干道，提升长三角的内联内通水平。进一步加强与长江沿岸港口在资本、信息和港口物流业务方面的合作，促进长江各主要港口与上海港的联动发展，加快推进长三角及长江经济带的通关一体化进程，推进长江港航信息一体化平台建设，通过大通关与多式联动体系的建设，推动江海联运，建立长三角与上海之间更为高效、便捷和安全的集疏运通道，促进长三角城市群各城市的对外贸易直接接轨国际市场。

（四）提升长三角地区科技一体化水平

上海拥有国内最先进的公共科技服务平台和张江高科技园区的产学研资本结合模式，上海的综合服务创新能力对长三角的外溢和集聚效应非常显著，上海应发挥自身综合创新功能，在长三角科技创新上发挥引领作用。在科技服务对接上，将上海打造成为长三角科技创新的龙头与成果转化对接服务平台，促进上海的技术再创新和长三角产学研一体化进程。在制度方面，建立与国际标准相对接的知识产权保护体系，为推进长三角其他城市的技术合作构建制度保障。在资源共享上，建立长三角集大型科研、检测设备仪器、中试基地为一体的服务网络平台，推进基础研究机构、应用研发机构与制造业企业需求的有机结合。在技术引进上，上海应依托自贸区等载体在承接国外先进技术上发挥桥梁作用。在缓解长三角应用型技术人才短缺上，打造人才培训基地，为服务长三角产业转型升级提供应用型技术人才。

第三节　以城市群为载体探索国家现代化发展新模式

一、苏南模式与温州模式

20世纪80年代，随着农村经济体制改革的不断深入，家庭承包责任制的普遍实施释放了大量农村剩余劳动力，在城市工业依旧难以提供大量就业岗位的背景下，为农村闲置剩余劳动力寻找出路成为摆在政府、集体和村民面前的重要问题。苏南地区农村集体利用农村闲置剩余劳动力，借助毗邻上海的区位经济优势，尤其是上海"星期日工程师"①，筹办乡镇企业，发展集体经济，苏州、无锡、常州地区经济得以迅速发展。费孝通先生在多篇文章中将其命名为"苏南模式"，在这种模式下，农民依靠自身力量发展乡镇企业，乡镇企业的所有制结构以集体经济为主，由乡镇政府主导乡镇企业的发展，以市场调节为主导手段。政府出面组织土地、资本和劳动力等生产资料，出资办企业，并由政府指派所谓的"能人"来担任企业负责人，这种组织方式将"能人"（企业家）和社会闲散资金结合起来，很快跨越资本原始积累阶段，实现了苏南乡镇企业在全国的领先发展。基本与苏南模式同期，长三角南翼的温州、台州、金华地区出现了家庭工业下的小商品模式，一般将其称为温州模式。在这种模式下，农村土地改革后的剩余闲置劳动力开始成为工商个体户，将自己家庭手工、办厂、经商所获得的小商品进行售卖而形成专业化市场，逐步发展形成了小商品、大市场的民营经济发展格局。最值得指出的是，苏南模式和温州小商品模式的成功，推动了乡镇企业和民营经济迅速向全国扩散，对激活中国的改革进程和推动现代化进程产生了重要影响。家庭手工生产和乡镇企业的生产能力和技术水平虽然不足，但它产生了三个直接效果：一是为化解农村过剩劳动力、提升农民收入水平提供了经验借鉴；二是顺应了改革开放初期卖方市场与低购买力下全国人民对日用小商品的较大需求；三是乡镇企业发展所形成的对城市重工业制成品的需求为城市国有企业创造了市场，为随后的国企改革减少了阵痛；四是为日后民营经济繁荣发展储备了技术、资金和人才，推动了中国市场经济的发展。

---

① "星期日工程师"自国有科研院所和国有企业。最初的时候，只是少数人员通过各种关系与周边的乡镇企业建立联系，利用周末与节假日时间为企业担当技术顾问，并从中获取适量的报酬。

二、以专业化嵌入全球价值链

1992年，党的十四大明确了建立社会主义市场经济体制的改革目标。自1992年之后，外资开始大量涌入我国长三角地区。随着我国改革开放步伐的加快，外资企业的大量进入和国企改革的不断推进，乡镇企业与个体工商户面临的外部竞争形势日趋严峻。过小的城镇达不到规模经济要求，人员集聚能力有限，同时由于乡镇公共服务支撑能力有限，难以为乡镇企业提供高端人才、技术、教育、卫生、文化、污水处理等公共服务支撑，以劳动密集型与粗加工为特征，且较为低端的乡镇工业面临生产要素成本上升、产业竞争力下降的压力，也严重污染了当地的生态环境。伴随乡镇企业经营的恶化，我国的乡镇企业也开始步入产权制度改革阶段，改制后的长三角民营企业开始全面嵌入全球价值链。苏南地区股份制改革后的乡镇企业积极与外资企业进行合作，承接外资企业的技术，实现自身生产管理能力的全面提升和企业产品国内外市场的全面拓展。在承接外资转移过程中，高端设计、销售、总部一般设在上海，而制造环节则一般布局于苏南地区。同期，浙江民营经济也开始转向出口导向，在镇域空间范围内的不同村落之间形成了分工合作的产业集群，并逐渐成长为直接与全球经济相连接的国际市场，如义乌小商品市场、永康五金市场、嵊州领带市场、兰溪棉纺织市场、浦江水晶市场等。苏南地区开始设立大量经济开发区，推动企业向园区集中，并依托开发区提供公共服务。多数开发区的规模超过了原城镇建成区，并主要在城镇的边缘布局，或依托城镇对外交通通道形成组团或新城，经济开发区往往成为城镇的新增长空间和扩张牵引方向，城镇实体地域的快速城市化极大地推动了区域城镇群体形态的演化，尤为明显地表现在沿交通线的各级经济开发区在快速扩张中相互黏合（马荣华和顾朝林，2007）。这一时期，长三角城市群内各城市通过嵌入全球价值链实现了外向型经济快速发展，为企业的技术、资金、人才等方面的积累提供了市场支撑，企业在干中学中不断发展壮大，并开始拥有从模仿逐渐走向自主创新的研发能力。与此同时，企业国内外销售网络的不断延伸、对原材料和技术装备的较大需求推动了重化工业的崛起、金融服务业的扩展和交通基础设施的完善，由此提升区域和国家经济的内生发展能力。

三、由专业化经济向城市化经济转型

2008 年全球金融危机之前，在经历了以进出口拉动经济快速增长之后，我国经济逐渐开始重视内需市场的挖掘和开拓，城镇化成为推动新一个时期中国经济发展的重要支撑。在这一背景之下，城市的规模经济越发重要，它要求中心城区具有更强的人口集聚规模，并提升综合服务功能。因为，只有中心城区具有较强的人口集聚优势，才能推动并支撑城市轨道交通、机场、教育和卫生机构等的发展，进而提升城市的对外通达性和服务支撑能力。遗憾的是，长三角内部这种以各区县城镇化空间扩展的模式，并不能推动城市内各区县功能的整合。在以核心都市区拼规模经济和集聚效应的竞争格局下，县域经济面临着专业优势加速弱化、区域分割问题突显、高端要素集聚困难等问题，迫切需要转向都市区经济，这要求加快形成中心城市与县域经济分工明晰、功能互补、一体联动的空间组织体系。苏南地区、浙中浙南地区都市核心区首位度不高、产业功能布局分散、跨区域产业链衔接不够、全域统筹能力不强等问题严重制约了都市区能级提升和转型发展。例如，位居苏南、浙中、浙南地区的各区县，随着推动产业发展的高端要素资源日益向上海、杭州、南京等行政级别较高的城市集中，导致支撑县域经济转型发展所依赖的高端资源严重不足。既面临来自上海的高端要素"虹吸效应"，也面临来自南京的高端要素争夺。上海、南京等大城市均是强城区弱郊区，而苏南、浙中、浙南地区则是县级市（县）实力较强，制约了中心城区人口等要素的集聚水平，进而限制了中心城区综合服务水平的上升，导致上述城市的发展在区域格局中日渐呈功能化态势。因此，依托城市群的区域一体化的内生性而产生的辐射力、聚合力，实现对上海、南京、浙江、宁波等特大城市、大城市的借规模发展，同时实施本市的"强中心"、组团式的聚合发展战略将成为长三角地级城市当前和今后一个时期空间组织结构调整的方向，也只有这样，才能更好地推进产业结构升级和促进城市功能提升，推动现代化产业体系的形成。

四、依托长三角一体化战略打造跨区域国家价值链体系

2008 年金融危机后至今，全球市场的日益萎缩加剧了各国产业之间的竞争，中国在全球工业生产领域已经占有产能、门类和资本优势，推动产业向高端发展成为中国产业发展的必然导向，这必将在高端行业、产品领域逐渐与欧美日等西方发达国家和地区形成竞争，欧美日跨国企业乃至国家政府必将对我国采取各种壁垒以对我国产业持续升级形成持续压制。尤其是美国特朗普政府在芯片供应、美国市场进入等方面均对我国形成了较大压制，如美国动员国家力量遏制华为、中兴、海康、海能达等企业。我国的工业体系面临着较为深层次的问题是产业链上游的本土设备工业（尤其是高端专用机床及流水线）存在明显的能力缺口，本土产业链上下游的协作生疏且零星，企业之间及产业间关系链比较短，部分企业甚至胁从于跨国公司成为中国经济体系中的"飞地"（孙喜，2017）。因此，紧抓新一轮技术革命机遇，我国需要依托城市群，推动形成跨区域产业链与创新链，促进跨区域产业链与创新链精准对接，构建区域创新共同体，打造跨区域产业链为基础、创新链为引领的产业升级版，不断提升中国制造在全球价值链中的位势。《长江三角洲区域一体化发展规划纲要》指出，长三角中心区重点布局总部经济、研发设计、高端制造、销售等产业链环节，大力发展创新经济、服务经济、绿色经济，加快推动一般制造业转移，打造具有全球竞争力的产业创新高地。支持苏北、浙西南、皖北和皖西大别山革命老区重点发展现代农业、文化旅游、大健康、医药产业、农产品加工等特色产业及配套产业。充分发挥皖北、苏北粮食主产区综合优势，实施现代农业提升工程，建设长三角绿色农产品生产加工供应基地。建设皖北承接产业转移集聚区，积极承接产业转移。推动中心区重化工业和工程机械、轻工食品、纺织服装等传统产业向具备承接能力的中心区以外城市和部分沿海地区升级转移，建立与产业转移承接地间利益分享机制，加大对产业转移重大项目的土地、融资等政策支持力度。

第四节　以区域合作提升欠发达地区协同均衡发展能力

建设"飞地"已经成为发达地区与欠发达地区区域合作融入国家区域重大战略、解决区域发展不平衡不充分问题、承接外部产业转移的有效途径。"飞地经济"是指两个地区的政府或政企打破行政区划限制，把"飞出地"方的资金和项目放到行政上互不隶属的"飞入地"方的工业基地，通过规划、建设、管理和税收分配等合作机制，从而实现互利共赢的持续或跨越发展的经济模式。与单纯的产业转移不同，飞地经济兼顾了产业转出地与转入地的利益诉求，更便于推动产业向外转移。多年以来，上海、江苏、浙江为推动区域经济均衡发展，分别探索了具有各自特征的"飞地"经济模式，并在推动产业转移上取得了重大成效。

一、沪苏浙产业向加速向外进行转移

上海是长三角地区内部工业总体转出地，安徽、浙江、江苏是长三角地区内部工业总体转入地。根据 2012～2020 年上海、浙江、江苏、安徽统计年鉴数据测算，2019 年，上海、江苏规模以上工业企业数量占全国比重分别比 2011 年下降 0.74 个和 1.12 个百分点，浙江和安徽分别增加 1.44 个和 0.88 个百分点。从上海、浙江、江苏、安徽第三、第四次经济普查公报数据计算来看，上海制造业法人单位从 2013 年的 79608 家下降至 2018 年的 49410 家，下降 37.93%；江苏制造业法人单位从 346773 家增长至 513487 家，增长 48.08%；浙江制造业法人单位从 365233 家上升至 2018 年的 424774 家，增长了 16.3%；安徽工业企业法人单位 51.9 万个，增长了 48.3%（见表 6-3）。从规模以上工业增加值来看，2019 年除了上海市工业增加值占全国比重比 2011 年低 0.06 个百分点，江苏、浙江、安徽占全国比重分别增加 2.33 个、0.88 个、0.57 个百分点。从长三角区域内部制造业收入比重来看，2019 年上海、浙江与安徽占长三角制造业收入比重上升0.6个、0.6个与2.3个百分点，江苏省下降6.6个百分点。从制造业大类来看，2011～2019年，上海占长三角区域营收比重上升的行业有14个，江苏有5个，浙江有25个，安徽有24个，浙江占长三角营收比重进一步上升，安徽成为长三角地区新的制造业增长极（见表6-4）。

表6-3　　　上海、浙江、江苏第三次、第四次经济普查公报
法人单位个数对比

类别	江苏	浙江	上海
农副食品加工业	34.06	-10.84	-22.44
食品制造业	70.11	24.14	-16.01
酒、饮料和精制茶制造业	17.75	-4.86	-24.86
烟草制品业	50.00		0.00
纺织业	43.67	7.99	-44.70
纺织服装、服饰业	37.92	16.20	-43.46
皮革、毛皮、羽毛及其制品和制鞋业	23.99	26.32	-48.37
木材加工和木、竹、藤、棕、草制品业	34.14	10.01	-62.80
家具制造业	205.80	31.40	-62.92
造纸和纸制品业	38.84	31.41	-40.22
印刷和记录媒介复制业	27.20	9.39	-34.67
文教、工美、体育和娱乐用品制造业	57.50	18.28	-39.95
石油加工、炼焦和核燃料加工业	24.57	27.91	-47.59
化学原料和化学制品制造业	-27.40	-3.03	-41.70
医药制造业	21.56	-1.32	-8.23
化学纤维制造业	6.31	19.58	-41.28
橡胶和塑料制品业	36.67	15.69	-44.13
非金属矿物制品业	34.94	0.03	-50.02
黑色金属冶炼和压延加工业	-37.01	-42.50	-39.18
有色金属冶炼和压延加工业	5.19	-10.94	-35.02
金属制品业	64.38	30.04	-35.17
通用设备制造业	66.85	15.44	-34.11
专用设备制造业	63.46	37.69	-31.86
汽车制造业	97.03	23.32	-9.99
铁路、船舶、航空航天和其他运输设备制造业	26.71	-2.91	-41.00
电气机械和器材制造业	45.35	17.54	-38.00

续表

类别	江苏	浙江	上海
计算机、通信和其他电子设备制造业	46.17	17.79	－21.54
仪器仪表制造业	59.27	－1.65	－20.54
其他制造业	139.34	37.45	－77.35
废弃资源综合利用业	31.44	－22.37	－52.24
金属制品、机械和设备修理业	232.04	58.49	30.79
制造业	48.08	16.30	－37.93

资料来源：三地经济普查公报。

表6－4　　　2011～2019年长三角地区制造业营收区域结构变化

类别	2011 年				2017 年				2019 年			
	浙江	江苏	上海	安徽	浙江	江苏	上海	安徽	浙江	江苏	上海	安徽
农副食品加工业	13.1	48.2	5.2	32.5	11.0	51.5	4.8	32.6	15.0	43.9	6.6	34.5
食品制造业	19.5	28.2	30.8	18.5	16.6	35.6	23.3	24.5	19.9	28.9	30.3	20.9
酒、饮料和精制茶制造业	24.0	44.4	6.1	25.0	18.2	51.2	5.8	24.8	26.2	35.0	8.2	30.6
烟草制品业	27.7	23.9	41.4	15.8	21.3	25.0	39.8	13.9	28.7	26.5	32.3	12.5
纺织业	35.8	48.7	2.1	6.0	38.3	52.3	1.7	7.7	45.3	46.1	2.0	6.6
纺织服装、服饰业	36.2	51.2	8.4	8.5	31.2	49.0	5.1	14.8	42.2	37.6	6.6	13.7
皮革、毛皮、羽毛及其制品和制鞋业	41.5	28.0	6.3	11.0	40.8	33.7	7.2	18.2	56.9	15.9	7.8	19.4
木材加工和木、竹、藤、棕、草制品业	27.1	62.4	3.1	17.9	13.3	65.2	1.8	19.7	27.2	40.9	3.0	28.9
家具制造业	49.7	17.4	20.7	12.5	46.4	18.2	16.1	19.4	51.2	18.2	16.4	14.2
造纸和纸制品业	42.1	42.7	10.6	8.7	39.0	42.0	7.9	11.0	42.5	38.8	8.7	10.1
印刷和记录媒介复制业	22.7	41.0	16.2	17.2	23.8	43.8	10.7	21.7	28.9	38.2	12.1	20.8
文教、工美、体育和娱乐用品制造业	29.9	41.3	17.2	7.4	28.1	48.1	12.5	11.2	35.5	35.7	18.1	10.6
石油加工、炼焦和核燃料加工业	35.6	35.7	28.6	6.0	29.7	39.0	21.5	9.8	31.5	32.7	24.6	11.2
化学原料和化学制品制造业	22.0	58.8	11.9	7.2	21.9	57.7	11.8	8.7	28.8	45.1	15.9	10.2
医药制造业	18.4	54.4	12.4	10.9	18.0	57.5	10.8	13.7	23.6	49.4	14.7	12.2
化学纤维制造业	47.1	48.9	0.7	1.4	42.7	54.7	0.7	1.9	53.9	43.7	0.4	1.9
橡胶和塑料制品业	35.6	33.4	13.3	14.6	29.4	40.1	11.5	19.0	33.4	38.3	12.1	16.2

类别	2011 年				2017 年				2019 年			
	浙江	江苏	上海	安徽	浙江	江苏	上海	安徽	浙江	江苏	上海	安徽
非金属矿物制品业	28.9	48.6	7.5	21.4	19.6	47.7	6.2	26.5	30.1	36.4	7.0	26.5
黑色金属冶炼和压延加工业	14.5	59.3	12.4	13.4	11.6	63.2	11.9	13.2	12.9	63.1	11.5	12.5
有色金属冶炼和压延加工业	26.0	43.2	6.1	24.1	22.8	41.1	4.5	31.6	26.0	39.7	5.2	29.1
金属制品业	26.5	53.1	11.3	10.4	22.8	54.5	8.4	14.3	29.1	48.6	10.0	12.3
通用设备制造业	26.7	46.2	17.9	9.6	24.3	48.6	15.3	11.8	29.3	43.0	18.6	9.1
专用设备制造业	16.7	56.2	14.2	12.1	14.6	61.0	11.9	12.4	20.9	53.3	15.0	10.8
汽车制造业	23.7	31.5	37.5	11.1	21.0	31.8	35.0	12.2	23.1	30.6	35.4	10.9
铁路、船舶、航空航天和其他运输设备制造业	14.2	63.8	13.3	4.5	15.3	66.8	13.9	4.0	17.5	59.1	20.2	3.2
电气机械和器材制造业	24.5	54.1	9.4	13.8	21.3	54.2	7.5	16.9	30.2	46.1	9.7	14.1
计算机、通信和其他电子设备制造业	13.4	64.7	23.4	3.1	12.0	60.3	19.3	8.4	16.9	55.6	18.0	9.4
仪器仪表制造业	12.5	69.7	8.7	3.3	15.8	71.7	8.5	3.9	33.1	48.4	14.2	4.3
其他制造业	42.7	35.9	8.0	9.9	40.4	34.9	8.0	16.6	46.1	24.3	9.2	20.4
废弃资源综合利用业	35.7	30.7	3.5	33.0	30.1	25.0	4.2	40.7	33.2	26.0	5.1	35.7
金属制品、机械和设备修理业	23.4	15.6	42.6	15.8	20.7	5.0	62.0	12.2	20.6	5.2	60.5	13.6
制造业	26.9	50.8	14.3	11.1	21.6	51.3	13.0	14.1	27.5	44.2	14.9	13.4

资料来源：浙江、江苏、上海、安徽统计年鉴。

从两次经济普查来看，2013～2018 年，江苏下降最快的两个产业是化学原料和化学制品制造业，黑色金属冶炼和压延加工业。2018 年法人单位个数分别比 2013 年下降 27.39% 和 37.01%。下降超过 10% 的产业分别为农副食品加工业、黑色金属冶炼和压延加工业、有色金属冶炼和压延加工业、废弃资源综合利用业。上海市制造业法人单位减少超过 10% 的行业主要有纺织服装服饰业，皮革、毛皮、羽毛及其制品和制鞋业，木材加工和木、竹、藤、棕、草制品业，家具制造业，造纸和印刷业，文教、工美、体育和娱乐用品制造业，石油加工、炼焦和核燃料加工业，化学原料和化学制品制造业，化学纤维制造业，橡胶和塑料制品业，非金属矿物制品业，黑色金属冶炼和压延加工业，有色金属冶炼和压延加工业，金属制品业，专用设备制造业，铁路、船舶、航空航天和其他运输设备制造业，电气机械和器材制造业，废弃资源综合利用业、计算机、通信和其他电子设备制造业。

二、上海推动产业转移的"飞地"模式：公司型开发模式

近年来，上海开始向外推进产业外溢和建立异地产业园。上海的产业转移并不是简单地将劣势产业转出，而是有占领新市场、扩大生产规模、降低成本、获取资源等方面战略发展目标。所以，上海市的产业外移或建立异地产业园区并非仅仅考虑低地价、税收优惠、廉价劳动力等因素，而是以资源互补为选择要点。上海的地方国有企业实力雄厚，占全市产业比重也相对较高，所以上海市的产业转移和建立异地产业园的主角都是上海市、辖区国资委下属的大型国有企业集团，如上汽集团、外高桥集团、上海港集团、浦东软件园公司、漕河泾开发公司、杨浦区新长宁集团、嘉定工业园开发公司等。飞地园区大致在管理体制上分成以下三种：第一种是以双方政府机构出面设立管委会，同时设立合资开发公司，管委会和开发公司实行两块牌子、一套班子的政企合一模式；第二种是管委会与开发公司各自运作的政企分离模式，此种较多；第三种是商业性开发体制，如上海漕河泾新兴技术开发区海宁分区。从目前来看，上海市在外地的飞地型园区大多数采取公司主导型开发模式，在公司治理中多以沪方为主导，即股权、人事、决策权完全由上海市方面主导，但利益双方共享（秦贤宏，2017）。

专栏

上海"飞地"模式

一、沪苏大丰产业联动集聚区

沪苏大丰产业联动集聚区是上海在市级层面与外地合作共建的开发区。集聚区由上海临港集团作为开发主体，实行"管委会负责行政管理服务，开发公司负责运营管理、开发建设及招商引资"的管理体

制和运营机制。在长三角一体化背景下，集聚区围绕打造"北上海·临港生态智造城"这一总目标，重点发展高端装备制造、健康安全食品、新能源汽车三大产业，着眼产城融合，打造飞地经济样板。沪苏大丰公司注册资本金为5亿元，股权结构为上海临港集团、光明食品集团、江苏沿海开发集团、盐城市国有资产投资集团、大丰区金茂国有综合资产经营有限公司分别出资40%、30%、10%、10%、10%。集聚区享受上海、江苏两省市政策叠加优势，进区企业享受上海市级开发区和江苏省级开发区以及江苏沿海开发的优惠政策，享受沪苏合作共建园区的优惠政策。上海临港集团产业引导基金在集聚区设立新能源、高端装备制造等产业子基金，实现临港产业引导基金全覆盖。光明地产集团打造特色小镇，塑造产城融合新亮点。创新建立科创平台，与临港集团所属的高科技园区合作共建科创平台，着重从科创机制、人才培养、产学研合作、创业服务等方面着手，竭力打造孵化与投资相结合的科技创新体系。

二、上海漕河泾开发区海宁分区

2009年12月，浙江省海宁市人民政府、上海漕河泾新兴技术开发区、浙江省海宁经济开发区全面合作建设上海漕河泾海宁分区。海宁分区按照"政府推进、企业运作、市场导向、集约发展"的指导思想，参照上海漕河泾开发区公司化运作的模式，由上海漕河泾总公司和海宁经济开发区下属的国有公司分别按55%和45%的占股比例共同出资组建分区公司，并采取"市场化运作、公司化管理"的灵活运营模式，坚持政企分开。在这种模式下，政府和企业各施所长，土地征迁、社会管理等职能由政府承担，规划编制、开发建设、招商引资和园区服务等主要由分区公司实施，按照公司法规定的分配方式进行税后利润的分配，为政府职能转型提供了示范。同时在公司团队的组建上，采用双方互派高管和中层干部的方式，既准确把握企业发展的方向，又通过队伍的融合促进了思维方式、发展观念的融合，为沪浙两地推进共同开发合作奠定了人才和智力保障。

资料来源：秦贤宏（2017）。

三、江苏推动产业转移的"飞地"模式：合作共建型园区

长期以来，江苏区域协调发展面临着南北发展差距不断拉大的问题，为实现区域共同发展，江苏省曾采取财政转移支付、南北挂钩对口支援等多种措施。由于缺乏共同利益的激励，苏南苏北间的合作难以取得较好效果。借助"飞地"模式，采取共建园区的形式打造区域经济利益共同体，将双方紧紧地连接在一起，有效地调动合作双方的积极性，推动苏南产业加速向苏北地区的转移，实现了两地的共赢发展。

2003年，江苏以江阴开发区靖江园区为载体，积极推动跨区域联动开发。江阴、靖江两市政府以9∶1的出资比例成立了投资公司，用市场运作的手段进行园区的开发建设，并承诺前10年不分红，10年后再按5∶5分成。为了调动双方的积极性，在管理体制上实行了"行政混血"的办法，即"投资、管理以江阴为主，土地、劳动力和环境配套以靖江为主"。在江阴开发区靖江园区取得经验的基础上，江苏又将"飞地经济"在更大范围内进行了推广。2006年9月，江苏发布《省政府关于支持南北挂钩共建苏北开发区政策措施的通知》，对南北挂钩共建苏北开发区的基本思路进行确定：由苏北地区在本地设立的省级以上开发区中，划出一定面积的土地作为区中园，由苏南地区的开发区负责规划、投资开发、招商引资和经营管理等工作。区中园建设不固定统一模式，由合作双方从实际出发协商确定。省政府对共建园区给予财政政策支持、电费综合补贴、用地指标倾斜、加大金融扶持力度、加强企业用工培训、享受当地优惠政策等方面支持。2006年12月，江苏在10个省级开发区启动了南北共建园区，如苏州宿迁工业园区、昆山（沭阳）工业园、常熟（泗洪）工业园等。2009年12月10日，江苏省政府印发《关于进一步加强共建园区建设政策措施的通知》将合作范围由与省内外发达地区政府或开发区开展合作共建，扩展至与省内外大型企业自建或共建园区。2016年《江苏省政府办公厅关于提升苏北共建园区建设发展水平的意见》，继续加大共建园区政策支持力度，将一些优惠政策措施延长至2020年。如将园区新增增值税和企业所得税省及省以下全返政策执行期延长到2020年等。

苏皖跨界共建合作园区建设。国家《长江三角洲区域一体化发展规划纲要》颁布实施后，江苏省制定了《〈长江三角洲区域一体化发展规划纲要〉江苏实施方案》（以下简称《江苏实施方案》），针对国家规划纲要提出的"建设皖北承接产业转移集聚区"要求，江苏提出要"探索共建合作园区"等合作模式，为支持皖北承接产业转移，共同拓展发展空间提供有力的规划支撑和政策协同保障。针对国家规划纲要提出的"协同推进苏皖省际毗邻区合作发展"要求，江苏省提出"积极支持将宁滁（顶山—汊河、浦口—南谯）、宁马（江宁—博望）跨界合作示范区和皖北承接产业转移集聚区建设等重要事项列入长三角区域一体化发展工作计划和重点合作事项清单。"

四、浙江推动产业转移的"飞地"模式：山海协作产业园

山海协作产业园是浙江省委、省政府为贯彻落实加快山区经济发展总体部署，实现发达地区与欠发达地区统筹发展、协调发展而采取的一项重大举措。产业园秉持"合作共建、优势互补、责任共担、税收共享"的原则，以实现双方互利共赢，共同发展的目标。2018 年，《中共浙江省委浙江省人民政府关于深入实施山海协作工程促进区域协调发展的若干意见》中提出要"支持杭州市、绍兴市和宁波市、湖州市、嘉兴市分别在衢州市、丽水市产业集聚区中建立'飞地'产业园；支持杭州临空经济示范区与衢州开展航空物流多式联运基地建设。支持 26 县在结对市、县（市、区）建立人才、科技和产业孵化'飞地'。按照国家关于支持"飞地经济"发展的政策和要求，对建设成效明显的'飞地'园区予以用地等政策支持。"

浙江《关于促进山海协作"飞地"健康发展的实施意见》从全省层面对飞地收益分配提出了总的原则思路，按照"互惠互利、共建共赢"原则，鼓励"消薄飞地"采取"收益保底＋税收分成"方式实施，"科创飞地"和"工业飞地"所产生的税收（地方留成部分）原则上全额归"飞出地"所有。其中，"消薄飞地"年保底收益按不低于"飞出地"总投资额 10% 计算，支持依据投资比例由合作双方协商税收分成；省、设区市两级财政对征收入库的税收（地方留成部分）通过"以奖代补"的方式直接

返还给"消薄飞地"。"飞地"各项指标由"飞入地"政府统计部门按现行统计制度和口径进行统计、核算和发布；在政府内部考核时，允许合作双方综合权责等因素，协商划分地区生产总值、工业总产值、固定资产投资额、税收收入等指标。"飞地"能源消费、污染物排放等指标原则上归入属地管理，由"飞入地"政府相关职能部门按现行制度和口径进行统计，同时，双方也可就具体情况协商分担。在建设机制上，浙江省级层面支持双方政府可通过协商方式确定土地使用权转让价格，鼓励"飞入地"以低于市场评估价格将土地开发使用权出让给结对市、县（市、区）。明确"飞地"开发建设支出由"飞出地"承担，收入归飞出地"所有。在管理机制上，"飞入地"政府负责"飞地"内外交通网络等基础设施规划布局，负责园区征地、拆迁、安置等政策处理和组织工作，落实入驻企业在项目、金融、人才等方面的属地同等优惠政策。"飞出地"政府要根据精简、高效的原则成立"飞地"管理机构，鼓励合作双方共同选派优秀干部赴"飞地"挂职。在招商上，"工业飞地"重点结合当地产业规划布局，突出横向配套和产业链上下游延伸，着力引进产业链高端的龙头大项目。"科创飞地"要重点引进"飞出地"产业发展所需的人才、技术和孵化项目。"消薄飞地"原则上由"飞入地"统一负责招商。

综合来看，改革开放以后，长三角地区率先在全国形成了以乡镇企业和民营经济为代表的苏南模式与温州模式，对激活中国的改革进程和推动现代化进程产生了重要影响：一是为化解农村过剩劳动力提供了空间；二是为城市工业创造了市场，并为日后民营经济繁荣发展储备了技术、资金和企业家人才。邓小平南方谈话之后，苏南地区股份制改革后的乡镇企业积极与外资企业进行合作，浙江民营经济也开始转向出口导向，在镇域空间范围内的不同村落之间形成了分工合作的产业集群，并逐渐成长为直接与全球经济相连接的国际市场。这一时期，长三角城市群内各城市的外向型经济快速发展，并开始从模仿逐渐走向自主创新研发，进而提升了区域内生发展能力。2008年全球金融危机之后，我国经济逐渐开始重视内需市场的挖掘和开拓，城镇化成为推动新一个时期中国经济发展的重要支撑。中小城市依托大城市借规模发展，大城市向中小城市转移产业，长三角城市群的区域一体化水平不断提升，上海的龙头地位不断得到巩固。2016年，国家发展和改革委员会发布的《长江三角洲城市群发展规划》提出将长三角城市群建设成为我国最具活力和国际竞争力的世界级城市群。上海作为中国面向世界打造的国际经济中心城市与带动长三角产业升级的龙头，未来应依托规模、研发、金融、制度创新等方面的优势，对接世界主要全球城市的核心要素，大力推进国际经济、金融、贸易、航运和科技创新等"五个中心"建设，在大宗商品定价、金融支持实体经济发展、全方位开放与科技创新等方面担当国家角色，将上海打造成为亚太经济的生产组织中枢，提升制造业和生产性服务业在全球价值链中的地位与国际竞争力，引领带动长三角、长江经济带乃至全国发展。而长三角城市群内部的其他城市，则主要按照城市多样化与专业化的发展要求，主动嵌入全球价值链，推动重点城市由专业化经济向城市化经济转型，形成由超大城市、特大城市、大城市、中等城市和小城市构成的专业化城市分工体系，培育打造以国家价值链为核心的分工体系，构建与发达国家世界级城市群相匹配的产业基地。持续探索区域经济合作的"飞地"模式，推进苏浙沪产业向周边地区转移，提升区域均衡发展能力。

第七章

以广深港澳为核心的
粤港澳大湾区世界级城市群

　　粤港澳大湾区包括香港特别行政区、澳门特别行政区和广东省广州市、深圳市、珠海市、佛山市、惠州市、东莞市、中山市、江门市、肇庆市（以下简称"珠三角九市"），总面积5.6万平方公里，2017年末总人口约7000万人。粤港澳大湾区地处西太平洋—印度洋航线要冲，是我国综合实力最强、开放程度最高、经济最具活力的区域之一，在国家发展大局中具有重要战略地位。中国香港作为国际金融、航运、贸易中心和国际航空枢纽，拥有高度国际化、法治化的营商环境以及遍布全球的商业网络，是全球最自由经济体之一。中国澳门作为世界旅游休闲中心和中国与葡语国家商贸合作服务平台的作用不断强化，多元文化交流的功能日益彰显。珠三角九市是内地外向度最高的经济区域和对外开放的重要窗口，在全国加快构建开放型经济新体制中具有重要地位和作用。粤港澳大湾区经济实力雄厚，产业体系完备，集群优势明显，经济互补性强。香港、澳门服务业高度发达，珠三角九市已初步形成以战略性新兴产业为先导、先进制造业和现代服务业为主体的产业结构，2017年大湾区经济总量约为10万亿元。随着粤港澳合作不断深化实化，粤港澳大湾区经济实力、区域竞争力显著增强，已具备建成国际一流湾区和世界级城市群的基础条件。

第一节 从"前店后厂"到影响全球的创新经济

改革开放四十多年来，珠三角的产业经历了从轻工业到重化工业，再到制造业与服务业双轮驱动的发展历程，从外需拉动到以内需为导向的创新驱动的转变，产业的技术含量与价值层次不断跃升。当前，粤港澳大湾区被称为"世界工厂"，对外贸易总额、利用外资总额、港口集装箱年吞吐量、机场旅客年吞吐量等已跻身国际一流湾区行列。港澳地区服务业高度发达，珠三角九市正在形成先进制造业和现代服务业双轮驱动的现代产业体系。纵观粤港澳大湾区的成长发展历程，从农业经济到引领中国开放的加工贸易经济，再到引领中国开放创新发展的产业经济体系，粤港澳大湾区是引领中国经济迈向现代化发展的重要开路者、引领者与见证者。

一、"前店后厂"分工模式的形成

鸦片战争之后，香港逐渐发展成为中国内地与西方国家贸易的转口港。解放战争时期，大批内地年轻劳动力逃往香港，为香港发展劳动密集型制造业提供了支撑。朝鲜战争爆发后，英国追随美国切断了中国内地与香港的联系，香港在转口贸易下降的同时开始利用劳动力优势发展劳动密集型制造业，承接欧美日产业转移。20世纪70年代末期，随着土地、工资与原材料价格的不断高企，香港劳动密集型制造业竞争优势开始逐渐丧失。70年代末期，毗邻香港的深圳市率先改革开放，为香港劳动密集型制造业延续竞争优势创造了新的发展机遇。香港制造业开始将生产车间与加工环节向珠三角转移，而将商业服务环节继续留在香港，由此形成了香港与珠三角的"前店后厂"模式。"前店后厂"模式将中国重新纳入全球生产网络体系，尽管对资本主义市场具有空间依附性，但它率先开启了珠三角地区的工业化进程，为日后珠三角借助外部技术、外部市场的外向型产业大发展提供了基础支撑。

二、"外向型" 发展模式快速形成

1992 年邓小平南方谈话之后，党的十四大确立了社会主义市场经济体制的改革目标，提出进一步扩大对外开放，更多更好地利用国外资金、资源、技术和管理经验。1992 年之后，与之前外资以港资为主不同，欧美日等西方发达国家和地区资本开始大量进入珠三角地区。珠三角以"三来一补"为主要特色的加工贸易产业迅速发展，乡镇企业广泛参与其中，形成了众多以出口为主的专业镇。在产业结构上，珠三角乡镇企业开始在劳动密集型、轻纺加工型、家电制造型的基础上向电子信息、石油化工、生物工程、光机电一体化方向转型。进入 21 世纪，我国加入 WTO 之后，全球市场对我国的开放，又进一步推动了珠三角成为我国外向型经济的主要承载区，并成长为世界制造基地。以东莞为例，2001 年我国加入 WTO 后，东莞国际大企业、大财团到东莞投资明显增多，以 IT 产业为代表的现代制造业和高新技术产业迅猛发展，全球加工制造业基地的地位正式奠定。2001 年末，东莞拥有"三来一补"和"三资"企业 14726 家，约占全国外商投资企业的 1/10。至 2007 年底，东莞市外资企业与三来一补企业始终保持在约 15000 家，加工贸易依旧是推动东莞经济增长的主要动力[1]。2007 年，东莞进出口额达到 1068.73 亿元，外贸依存度高达 247.75%。在外向型产业导向下，尽管东莞进出口额比较大，但是大部分外资企业主要集中在加工制造环节，上游科技创新和下游市场营销两头均在国外发达国家，导致企业的附加值低，根植性弱，难以与当地社会进行恰当融合。

三、向内生创新型发展模式转变

2008 年全球金融危机爆发之后，伴随全球经济增长的放缓，珠三角外向型经济发展模式面临较大挑战。受劳动力成本、土地资源和环境等因素

---

① 《中共东莞市委党史研究室：不懈探索 成就辉煌——东莞市改革开放历程概述》，http：//news.timedg.com/2018－12/26/20791305.shtml。

影响，珠三角开始推动经济发展模式从外需拉动向服务国内市场转变。以"高级化＋重型化"为导向，提出要优先发展现代服务业，加快发展先进制造业、大力发展高技术产业、改造提升优势传统产业，并加大制度创新与科技创新发展力度。2014 年，深圳市获批国家自主创新示范区。2015 年9 月，珠三角国家自主创新示范区获批，覆盖了广州、珠海、佛山、惠州、东莞、中山、江门、肇庆市珠三角 8 个市，整个珠三角地区全部成为国家自主创新示范区。2016 年，珠三角地区研发经费支出占 GDP 比重 2.7% 以上，技术自给率超过 71%，国家级高新技术企业总数超过近 1.89 万家。其中，深圳作为国家创新城市，拥有一流的创新环境，企业创新能力突出，深圳市研发经费支出占 GDP 比重超过 4%，居世界前列，PCT 国际专利申请量连续十三年居全国首位，拥有华为、大疆、比亚迪、中兴等一大批全球技术领先企业，已经成为国际知名的创新中心。广州大学众多，科研教育能力较强，是创新人才的输出地和科技成果的策源地。佛山、东莞、中山、惠州等城市制造业发达，拥有坚实的制造业基础，是科技创新成果转化和吸纳创新人才创业就业的重要地区。粤港澳大湾区内部的科技合作，已经形成了跨区域自主创新孵化链条，并形成了较强的国际竞争力，日益向全球科技创新高地和新兴产业重要策源地迈进。粤港澳大湾区规划从国际影响力方面提出了产业转型升级的方向，即要构建具有国际竞争力的现代产业体系，着力培育发展新产业、新业态、新模式，支持传统产业改造升级，加快发展先进制造业和现代服务业，瞄准国际先进标准提高产业发展水平，促进产业优势互补、紧密协作、联动发展，培育若干世界级产业集群。

四、区域在国家发展战略中的定位逐步跃升

从发展历程来看，《珠江三角洲经济区城市群规划（1994—2010 年）》将珠三角地区定位为华南地区经济发展龙头和亚太城市集团中的一员。《珠三角城镇群协调发展规划（2004—2020）》注重珠三角在国家改革开放中的角色定位，致力于成为国家的"排头兵""引擎""试验场""示范区"，在产业和城镇化上提出要成为世界级制造业基地和充满活力的城镇

群。2008 年改革开放 30 周年之际，《珠江三角洲地区改革发展规划纲要（2008—2020 年）》在继承部分 2004 年规划定位的基础上，要求珠三角地区发展成为全国重要经济中心、世界级制造业和现代服务业基地，珠三角的发展定位进一步提升。相比于之前的珠三角定位，由中共中央、国务院印发的《粤港澳大湾区发展规划纲要》又进行了扩展，一是范围上有了进一步扩大，涉及香港、澳门两个特别行政区，赋予支撑港澳经济长期繁荣发展的新使命，提出了内地与港澳深度合作示范区的战略定位。二是提出了打造充满活力的世界级城市群，这一定位要求大湾区成为国家参与全球竞争的重要载体。三是具有国际影响力的创新中心，在原有规划的制造业、服务业基地基础上进一步跃升，更具转型升级意义。四是"一带一路"建设的重要支撑，发挥对国家开放战略的支撑作用。虽然在不同规划时期，该地区发展的方向与定位略有差异，但总体上体现出如下特征：一是先行地位突出。无论是珠三角内部合作还是推进与港澳紧密合作、共赢发展，无论是推动国际开放还是深化制度改革，无论是率先实现全面小康还是率先实现现代化等多方面都要成为我国经济社会发展的重要先行示范区域，其突出的先行先试与示范引领角色较为突出。二是核心作用明显，是我国率先探索实现现代化的核心载体，经济发展的核心载体、参与全球竞争的核心载体、国家科技创新的核心载体、支撑"一带一路"的核心载体（见表 7–1）。

表 7–1　　　　　　　　　　　珠三角历次发展定位的变迁

各时期规划	发展定位
1994 年《珠三角经济区城市群规划》	亚太地区主要的城市集团及我国华南地区社会经济发展的龙头
	等级优化、类型完备、职能明确、功能互补、布局合理、网络均衡的现代化城市群
	城乡一体化发展的新型城市群
珠江三角洲城镇群协调发展规划（2004—2020 年）	中国参与国际竞争与合作的"排头兵"
	国家经济发展的"引擎"
	文明发展的"示范区"
	深化改革与制度创新的"试验场"
	区域协调与城乡统筹发展的"先行地区"
	世界级的制造业基地和充满生机与活力的城镇群

续表

各时期规划	发展定位
珠江三角洲地区改革发展规划纲要（2008—2020 年）	探索科学发展模式试验区
	深化改革先行区
	扩大开放的重要国际门户
	世界先进制造业和现代服务业基地
	全国重要的经济中心
粤港澳大湾区规划	充满活力的世界级城市群
	具有全球影响力的国际科技创新中心
	"一带一路"建设的重要支撑
	内地与港澳深度合作示范区
	宜居宜业宜游的优质生活圈

第二节　城市竞合与粤港澳大湾区分工格局演进

　　长期以来，围绕粤港澳大湾区内对外通道、海港口空港、金融商贸服务、会展服务、高端人才、企业落户等方面，粤港澳大湾区内各城市展开了一系列的竞争，有些观点认为区域内的城市竞争造成了巨大的重复建设与资源浪费，不利于城市群大湾区整体功能的提升。一些竞争的案例成为人们呼吁区域合作的重要原因。例如，在香港已经是国际航运中心的情况下，广州、深圳均以国际航运中心作为自己的发展定位。在广州已建成珠三角会展中心的情况下，深圳在土地资源不足的情况下仍谋划建设大型会展中心。在广州生产性服务业已较为发达的情况下，邻近城市佛山致力于培育自身的现代服务业并担心区域内产业向具有政策优势的南沙转移等。此外，粤港澳大湾区空间范围不大，却建了七个机场。深圳前海、广州南沙与珠海横琴在自贸区试验领域与功能上的重叠等，以及香港对前海自贸区金融创新的忧虑与担心等都曾引起人们对城市之间恶性竞争的质疑和诟病。事实上，正是由于区域内城市之间的竞争，才大大地优化了整个粤港澳大湾区内的营商环境和贸易便利化程度，提升了整个区域的市场化水平，为区域内各城市的分工合作与功能整合创造了条件。

一、区域竞争推进了城市经济发展快速崛起

改革开放之初，深圳得风气之先，率先通过承接港澳和外资加工制造业转移逐渐起步，并形成典型的"前店后厂"模式。随着开放区域的扩大，劳动力成本更具优势的佛山、东莞、惠州等城市也开始加入承接港澳和外资的竞争中来，迫使深圳不得不开始推进城市的转型升级，深圳由于抓住了香港在转型中的短板，通过率先发展科技创新、科技金融、研发与创意产业等生产性服务业，推动深圳成为区域内全球知名的创新型中心城市，使深圳成为在服务区域制造业发展上能与香港、广州相比肩的区域经济中心。而湾区内的其他城市，基于邻近城市的竞争，也开始走上差异化发展之路，同是"三来一补"起家的佛山与东莞，佛山走出了一条以内资为主的民营经济的内生型经济发展模式，而东莞则沿着"三来一补"的发展路径，成为国际知名的加工贸易和以外资经济为主的国际制造业城市。湾区内邻近城市之间的相互竞争，促使各个城市从原先的区域性地方中心城市向专业化较强的区域性功能型城市转型，基于良好的专业化基础又进而提升自身的产业集群发展和创新发展能力。

二、区域竞争推进各个城市之间的合作互动

随着中国内地市场的全面开放，香港作为内地与全球市场唯一通道的地位被逐渐削弱，中国内需市场规模的逐步扩大使香港在服务内地市场上无法与传统的区域中心城市广州开展全面竞争，而深圳在转型升级与提升全球竞争力过程中也日益需要增强自身经济腹地与提升自身的开放水平，由此深港的合作与深莞惠、深汕的区域合作被提上日程，前海深圳现代服务业合作区成为一个引领区域开放升级的重要载体，深莞惠一体化、深汕特别合作区成为拓展深圳区域腹地的重要载体。在这一过程中，香港得以增强自身在服务内地市场上的地位，深圳得以拓展自身的经济腹地，东莞、惠州、汕尾得以通过承接深圳产业转移而实现自身经济转型发展。而与此同时，广州、佛山、肇庆的一体化进程也开始起步，佛山依托广州的

生产性服务业谋求自身的转型升级，广州依托佛山发达的制造业基础提升生产性服务业的竞争水平。"广货北上"战略的提出，又进一步夯实了广州作为区域服务内地市场的核心城市中心的地位。正是由区域竞争催生的区域合作，大大地提升了区域的一体化发展水平，进而壮大了整合湾区面向国内和国际市场的竞争力。

三、竞合推动城市群形成专业分工发展格局

经过30多年的竞合发展，香港作为国际金融、贸易、航运中心和全球最自由经济体，在引领大湾区对外开放发展中发挥着重要门户作用。从金融上来看，香港是国际金融中心，是人民币离岸结算中心和资产管理中心，粤港澳大湾区具有较大的外贸体量和流量，借助于香港这一国际金融中心和大湾区内开放政策，有望形成人民币的循环圈，能够成为推进人民币国际化的重要支撑区。澳门依托其旅游业，成为大湾区与葡语系国家商贸合作的重要平台。广州承担着整个华南地区的经济中心与服务管理中心，成为服务周边城市引领内地市场的大湾区核心城市。深圳以其特区的先行先试优势，成为引领区域开放发展和创新发展的重要中心型城市现代化国际大都市。佛山、东莞、惠州、中山等大湾区内城市专业化程度不断增强，成为在某一领域内的具有世界级水平的制造业城市。在这一分工格局下，尽管存在着人口红利逐渐丧失、要素资源价格上升、区域内外竞争力加大等制约因素，但粤港澳大湾区内的核心中心型综合城市和功能性专业化城市能够共同享受城市群集聚发展经济带来的规模集聚经济红利和分工专业化分工经济红利，为推动经济发展走向质量变革、效率变革、动力变革提供了基础性条件。

第三节　由单核带动到多中心多节点
网络化空间发展格局

鸦片战争之后，香港逐渐崛起成为国际口岸，随着广三、广九、粤

汉铁路、公路交通网络的建设，城镇手工业和近代工业的不断集聚发展，广州的全国商业中心地位进一步巩固，沿珠江东岸逐渐形成了以香港、广州为核心、辐射带动周边农村发展的空间结构体系。新中国成立以后至 1978 年，受政治因素的影响，香港与内地的交往开始被人为限制，处于国家国防前线的珠三角地区经济社会和城镇发展受到较大限制（杨再高，2015），在珠三角内部形成了以各地级市地区为地域中心辐射带动周边农村的孤立型发展格局，广州在珠三角区域发展中始终处于中心地位。改革开放至今，顺应各个城市经济社会发展水平的变迁，广东适时制定并调整空间发展规划，推动粤港澳地区空间结构经历了由原珠三角地区单一极点带动，到极点带动、轴带支撑，再到大湾区目前多中心多节点的网络化空间发展结构，实现了由传统珠三角地区的以广州为核心内外圈层分区发展，到以广深两极拉动、形成多条发展轴带带动珠江口东西两圈发展，再到当前大湾区以香港—深圳、广州—佛山、澳门—珠海三极拉动，并以东莞、惠州、中山、江门等多节点连接的城市群发展历程，区域之间的联系更为紧密。与此同时，随着珠三角产业外溢能力的不断提升和政府有意识地引导，粤港澳大湾区对外部相邻地区的带动能力也逐渐增强。

一、以广州为核心的单中心空间发展格局

改革开放之初，广州作为广东省的政治中心、经济中心、文化中心和交通枢纽，在全省位居首要地位。1978 年，广东全省 100 万人口以上的城市仅有广州，10 万～20 万人口城市仅有佛山、江门、肇庆、珠海四个（广东省建设委员会，1996）。广州生产总值占全省的比重在 20% 以上，全省形成了以广州为中心的单中心空间发展格局，周边地区经济发展水平与广州的距离成反比关系。改革开放以后，依托毗邻港澳区位优势和侨乡优势，深圳、珠海、汕头成为经济特区，拥有了开放发展的政策先行优势，但广州的单中心地位并未改变。1992 年邓小平南方谈话之后，广东掀起了新一轮开放发展高潮。在空间发展上，《珠江三角洲经济区城市群规划》确立了以广州为核心，推进广深（香港）发展轴和广

珠（澳门）发展轴两个主轴重点发展，同时推动珠三角内部圈层与外圈层及珠三角腹地在人流、物流、资金信息交换中形成七条发展走廊①，以推动区域经济协调发展。《珠江三角洲城镇群协调发展规划（2004—2020)》提出打造"一脊三带五轴"的空间发展格局②，其重点在于强化广州、深圳、珠海等中心城市作用，推动形成以广州为中心，向南经珠江口连接深圳、珠海以及香港、澳门，向北沿京广大动脉构筑连通内陆的区域发展"脊梁"。规划的实施推动了位于"三带"之上的佛山、增城、中山、南沙、虎门、松山湖等城镇节点地区的进一步发展。《广东省城镇化发展纲要（2004—2010)》提出以珠江三角洲中部（广州、佛山）、东岸（深圳、东莞、惠州）、西岸（珠海、中山、江门）都市区。在实际发展中，受发展阶段的影响，深圳、东莞、中山、佛山等位于广深和广珠两大发展主轴上的城市吸纳了大量外资和外来人口，实现了经济发展上的快速崛起。尽管规划的重点在于推动形成广州、深圳、珠海三大区域中心城市，遗憾的是受制于港澳两座城市之间的巨大差异，与香港的国际金融和国际贸易中心不同，澳门是一个以娱乐和博彩业为主导的旅游城市，使得珠海并不像深圳、东莞那样能承接香港及欧美外资转移，珠海并未像深圳一样发展成为吸纳周边及外来省份人口的中心城市。

二、以广深为核心的双中心空间发展格局

发挥广州、深圳两中心城市的带动作用，需要构建中心城市辐射带动

---

① 广州—肇庆—西江拓展轴，广州—清远—韶关—湖南拓展轴，广州—佛山—湛江—广西拓展轴，广州—惠州—汕头—福建拓展轴，珠海—湛江—广西拓展轴，深圳—惠州—河源拓展轴。

② 深圳、珠海主城区为高端服务中心区，以广州花都、白云，深圳前海、宝安，珠海金沙、斗门，东莞虎门、东门等为重要发展节点，二者构成"一脊"。对外辐射的三大功能拓展带，北部城市功能拓展带（沿广州、佛山、肇庆主城区经云浮延伸到大西南，广州东部沿惠州主城区，经河源延伸到江西）、中部产业功能拓展带（沿惠东、仲恺高新区经虎门、顺德、江门等地连通东西两翼）、南部滨海功能拓展带（沿大亚湾经深圳主城区，连通港澳、珠海，经潮汕延伸至闽东南，经湛茂延伸到广西、海南）；整合内部功能的五大"城镇—产业"聚合轴，江肇—江珠高速公路沿线，105国道沿线佛山—顺德—中山、金湾、斗门，莞深高速公路沿线广州东—东莞—深圳，广深铁路沿线增城—常平—平湖—盐田，惠澳大道沿线惠州—三栋—惠阳—大亚湾。

的空间载体。《珠三角改革发展规划纲要（2008—2020）》提出了"一主轴两核两带多节点"的空间发展格局①，以广州、深圳为中心，以珠江口东岸、西岸为重点，推进珠江三角洲地区区域经济一体化，带动环珠江三角洲地区加快发展。《广东省城镇化发展规划（2010—2015）》提出"以广佛同城化为示范，建立有效运作的多层次合作机制，大力推进广佛肇、深莞惠、珠中江三大经济圈建设。强化广州国家中心城市和深圳全国经济中心城市的地位与作用，提升佛山、珠海、东莞、惠州、中山、江门、肇庆等地区性中心城市的聚集辐射功能，形成核心突出、支撑力强、各具优势和特色的城市一体化发展格局。"2010年，省外流入广东的流动人口多达2150万人，约80%的省外流动人口集中在广州、深圳、佛山、东莞四市。深圳、东莞的国土开发强度已逼近50%，中山、佛山已超过30%，可开发土地与用地需求的矛盾十分尖锐。珠三角城市等级体系已经从以广州、深圳为核心、其他城市为下一层级的扁平结构升级到以广州、深圳为核心，东莞、佛山为第二梯队的层级式结构，广佛、深莞对区域发展的组织作用日益增强。珠江西岸的中山、珠海经济总量与惠州、江门、肇庆等城市处于同一层次，反映了珠海中心城市功能的不足，导致珠江西岸地区缺乏龙头带动。

三、以广深港澳为核心的"极点带动、轴带支撑"空间发展格局

在《内地与香港关于建立更紧密经贸关系的安排》《内地与澳门关于建立更紧密经贸关系的安排》以及有关补充协议（CEPA）和粤港、粤澳合作框架协议下，粤港澳三地已经形成多层次、全方位的合作格局。香港作为区域内的具有超强能力的全球城市，是珠三角对外联系的"超级联系人"。受体制限制，香港主要通过在广州、深圳的投资及办事机构来组织相关的配套业务。随着中国内地市场的全面开放，香港作为内

---

　　① 以广州、深圳为中心，以珠江口东岸、西岸为重点，珠江口东岸以深圳经济特区为中心，惠州、东莞为节点，珠江口西岸以珠海市为核心，以佛山、江门、中山、肇庆市为节点推进珠江三角洲地区区域经济一体化，带动环珠江三角洲地区加快发展，形成资源要素优化配置、地区优势充分发挥的协调发展新格局。

地与全球市场唯一通道的地位被逐渐削弱,扩展腹地半径成为提升其中心城市地位的重要手段。港珠澳大桥的修建,将会进一步提升珠中江都市圈与香港的联系,提升珠中江都市圈依托香港"超级联系人"吸引外资的能力,增强香港服务经济的综合竞争力。澳门由于产业相对较为单一,也亟待通过更大空间腹地来扩展城市流量,进而为自身争取更大发展空间。珠海尽管被赋予副中心的地位,但长期以来在区域竞争格局中由于经济规模始终不大,珠江西岸经济中心的引领带动作用始终难以有效发挥。但随着港珠澳大桥、深中通道的建设,将会为珠海在珠江西岸交通枢纽中心与区域副中心的地位带来难得的契机。因此,顺应粤港澳进一步深入合作发展的需求,需要将香港、澳门纳入区域联动发展之中,形成广州、深圳、香港、澳门四个增长极带动周边地区发展的新格局。2019年的《粤港澳大湾区发展规划纲要》将香港、澳门同时纳入发展规划,致力于打造"极点带动、轴带支撑"的网络化空间格局,优化提升中心城市。以香港、澳门、广州、深圳四大中心城市作为区域发展的核心引擎,增强对周边区域发展的辐射带动作用。其中,"极点带动"主要发挥香港—深圳、广州—佛山、澳门—珠海为强强联合的引领带动作用,深化港深、澳珠合作,加快广佛同城化建设,提升整体实力和全球影响力,引领粤港澳大湾区深度参与国际合作。"轴带支撑"主要依托以高速铁路、城际铁路、高速公路为主体的快速交通网络与港口群和机场群,构建区域经济发展轴带,形成主要城市间高效连接的网络化空间格局。尤其是随着港珠澳大桥、深圳中山通道、深圳茂名铁路等重要交通设施的建设及其作用的发挥,将进一步提高珠江西岸地区发展水平,促进东西两岸协调发展。

第四节　粤港澳大湾区带动周边地区协调发展的探索

与粤港澳大湾区较高的经济发展水平相比,粤港澳大湾区周边的粤北、粤东与粤西地区发展水平相对较低,促使广东省成为全国发展最不均衡的省份之一。同时，与广东临界的赣南、湘南、桂东等地区，也需要借助粤港澳大湾区实现自身的转型发展。发挥粤港澳大湾区引领作用，大力拓展经济腹地，推动区域经济协调发展，已经成为粤港澳大湾区现代化发展的重要使命和责任。伴随着珠三角与粤东西北地区"双转移"（劳动力转移、产业转移）的不断推行，粤东西北地区及其周边省际交界地区承接能力不断增强，后发优势不断显现，区域间的发展差异正不断缩小，并积累了区域协调发展的一系列经验。

一、"双转移"战略：推动省内地区间协调发展

2008 年世界金融危机爆发之后，广东省适时提出了产业和劳动力"双转移"战略，推动珠三角劳动密集型产业向东西两翼、粤北山区转移；东西两翼、粤北山区的劳动力，一方面向当地第二、第三产业转移，另一方面促使其中的一些较高素质劳动力，向发达的珠三角地区转移。通过产业转移，为做强珠三角产业高端环节腾出空间，为辐射带动粤东西北产业发展建立纽带。将珠三角生产成本日益增加的劳动密集型与资源密集型等低端制造业逐步转移到省内欠发达地区，完成自身产业结构的升级，重点发展高附加值与高技术含量的先进制造业，以及金融、物流、会展、创新等现代服务业。随着珠三角现代服务中心的兴起，其服务的范围可辐射至整个广东区域，不仅服务于珠三角，同时也服务于欠发达地区的转入产业。粤东西北地区加快承接珠三角产业和劳动力转移，并形成不同的产业集聚中心。如粤东地区定位为包装和石化基地、绿色工业新城和海洋产业基地、家电城和信息产业基地；粤西地区定位为新型工业城和重化工业转移园区、海洋新城和钢铁工业新基地等。通过建设相关产业基地（见表 7－2），珠三角各市不仅将一般劳动密集型企业的转出，也致力于将优势产业制造环节的向外延伸，形成跨区域的产业链条，从而形成珠三角与粤东西北地区之间现代服务业与制造业相互支撑发展，先进制造业与一般制造业相互分工发展的格局。

表 7 - 2 广东省产业转移工业园基本情况（截至 2014 年 6 月）

园区名称	所在地	类型	集聚产业
广州（梅州）产业转移工业园	梅州	合作共建示范园	汽车（摩托车）零配件、电子信息、稀土应用（兼顾发展高端医药和健康食品产业）
广州（清远）产业转移工业园	清远	合作共建示范园	装备制造、电子信息、新材料产业（兼顾发展新能源、生物医药产业）
深圳（河源）产业转移工业园	河源	合作共建示范园	电子信息、机械模具、光伏产业（兼顾发展稀土高新材料产业）
深圳（汕尾）产业转移工业园	汕尾	合作共建示范园	电子信息、云计算、新能源产业（兼顾发展食品加工业）
珠海（阳江）产业转移工业园	阳江	合作共建示范园	食品医药、金属制品、LED 及太阳能光伏产业
佛山（云浮）产业转移工业园	云浮	合作共建示范园	机械制造、汽车零配件和石材加工产业
东莞（韶关）产业转移工业园	韶关	合作共建示范园	装备基础零部件、玩具产业
中山（潮州）产业转移工业园	潮州	合作共建示范园	能源和新型电子材料和装备制造产业
汕头产业转移工业园	汕头	自建示范园	装备制造、能源、电子信息产业（兼顾发展纺织服装产业）
惠州产业转移工业园	惠州	自建示范园	电子器件、服装加工、新型建材产业
江门产业转移工业园	江门	自建示范园	五金机械及装备制造、电子信息和新型纤维材料纺织业
湛江产业转移工业园	湛江	自建示范园	钢铁、石化及其配套产业
茂名产业转移工业园	茂名	自建示范园	石油化工及其上下游产业
肇庆大旺产业转移工业园	肇庆	自建示范园	金属材料、电子产业（兼顾发展生物医药和先进机械装备产业）
揭阳产业转移工业园	揭阳	自建示范园	机械设备、金属制造和电子信息产业
东莞石龙（始兴）产业转移工业园	韶关	一般园	新材料特色产业
东莞东坑（乐昌）产业转移工业园	韶关	一般园	机械制造特色产业
东莞大岭山（南雄）产业转移工业园	韶关	一般园	精细化工特色产业
深圳福田（和平）产业转移工业园	河源	一般园	钟表制造和电子通信特色产业（兼顾发展食品医药产业）
深圳罗湖（河源源城）产业转移工业园	河源	一般园	电气机械及器材制造特色产业

续表

园区名称	所在地	类型	集聚产业
深圳南山（龙川）产业转移工业园	河源	一般园	电子电器特色产业
深圳盐田（东源）产业转移工业园	河源	一般园	新材料、新电子特色产业
东莞石碣（兴宁）产业转移工业园	梅州	一般园	机械制造特色产业
东莞凤岗（惠东）产业转移工业园	惠州	一般园	机械装备、制鞋特色产业
中山火炬（阳西）产业转移工业园	阳江	一般园	食品饮料特色产业
佛山禅城（阳东万象）产业转移工业园	阳江	一般园	五金机械特色产业
东莞长安（阳春）产业转移工业园	阳江	一般园	特种钢铁特色产业
佛山顺德（廉江）产业转移工业园	湛江	一般园	家电制造特色产业
深圳龙岗（吴川）产业转移工业园	湛江	一般园	轻工电子特色产业
广州白云江高（电白）产业转移工业园	茂名	一般园	水产品加工和香精香料特色产业
东莞大朗（信宜）产业转移工业园	茂名	一般园	毛纺织特色产业（兼顾发展工艺美术、金属制品产业）
顺德龙江（德庆）产业转移工业园	肇庆	一般园	林产化工特色产业
中山大涌（怀集）产业转移工业园	肇庆	一般园	装备制造特色产业
佛山禅城（清新）产业转移工业园	清远	一般园	建筑陶瓷特色产业
佛山顺德（英德）产业转移工业园	清远	一般园	装备制造、电子电器特色产业
佛山顺德（云浮新兴新城）产业转移工业园	云浮	一般园	金属制品特色产业
广东顺德清远（英德）经济合作区	清远	起步园	装备制造、家用电器特色产业
揭阳金属生态城	揭阳	起步园	金属制品特色产业
深圳龙岗（紫金）产业转移工业园	河源	起步园	电子、电器、机械制造
东莞塘厦（平远）产业转移工业园	梅州	起步园	稀土新材料、优质建材、机械制造

资料来源：广东省工业和信息化厅网站。

建立珠三角与粤东西北的对口支援机制。为实现先富带后富的全体人民共同富裕目标，广东省建立了省内发达地区与粤东西北地区的对口支援与帮扶机制。在对口支援结对关系上，广州、深圳、珠海、佛山、东莞、中山、江门为支援方，其余 14 个地级市为受援方。广州市对口支援梅州市、清远市，深圳市对口支援河源市、汕尾市，珠海市对口支援阳江市与茂名市，佛山市对口支援湛江市与云浮市，东莞市对口支援韶关市和揭阳市，中山市对口支援肇庆市和潮州市。汕头、惠州、江门自行组织实施本市内部对口帮扶工作。广东省的对口支援涉及内容比较多，涵盖产业、园区、财政、就业、医疗、教育、基础设施建设等多个方面。尤其是在财政方面，2009 年广东省政府出台了《关于建立推进基本公共服务均等化横向财政转移支付机制指导性意见》，确立了广州、深圳、珠海、佛山、东莞、中山、江门 7 个市为财力转出方，其他 14 个地级市为财力转入方。通过财力转出地区每年以无偿提供横向财政转移支付资金的办法，致力于提高财力转入地区基本公共服务水平。

二、深汕特别合作区："飞地"模式探索的引领者

深圳市深汕特别合作区位于广东省东南部，距深圳市东部约 60 公里，离市中心约 120 公里，位于粤港澳大湾区最东端，西北与惠州市惠东县接壤，东与汕尾市海丰县相连，总面积 468.3 平方公里，由鹅埠、小漠、赤石、鲘门四镇组成，海岸线长 50.9 公里，常住人口约 13 万人，海域面积1152 平方公里[①]。

2008 年，深圳、汕尾两地政府合作成立深圳（汕尾）产业转移工业园，后该园区经广东省政府批准认定为省产业转移工业园，是深圳市双转移和对口支援汕尾市的重要载体。2011 年 2 月 18 日，广东省委省政府批复《深汕（尾）特别合作区基本框架方案》，决定在深圳（汕尾）产业转移工业园的基础上设立"深汕特别合作区"，规划范围包括海丰县的鹅埠、

---

① 《深汕特别合作区，"特别"在哪？》，https：//www.dutenews.com/tewen/p/1113067.html；《深汕特别合作区概况》，http：//www.szss.gov.cn/sstbhzq/ssw/xxgk/ssgk/index.html。

小漠、鲘门、赤石四镇和圆墩林场，总面积 468.3 平方公里，委托深圳、汕尾两市共同管理。深汕特别合作区的 GDP 按照深圳占 70%、汕尾占 30% 的比例分别计入两市统计指标，能耗指标划分由深圳、汕尾两市协商确定，其他指标数据列入汕尾市统计指标。同年 5 月，成立 "中共深汕特别合作区工作委员会" "深汕特别合作区管理委员会"，合作区正式运作。2014 年 11 月，《深汕（尾）特别合作区发展总体规划（2015—2030 年）》出台，合作区发展进入快车道，签约项目和社会资源加速入驻，市政道路、供水、供电等基本服务功能逐步完善。2015 年 7 月，广东省政府常务会议审议通过《广东深汕特别合作区管理服务规定》，这是全国首个省级合作区的立法。2017 年 9 月，广东省委、省政府批复《深汕特别合作区体制机制调整方案》，明确合作区由原有的深圳、汕尾共同管理转变为深圳全面主导、汕尾积极配合，深圳市全面主导特别合作区经济社会事务，并按 "10＋1"（深圳 10 个区＋深汕特别合作区）的模式给予全方位的政策和资源支持。合作区党工委、管委会、纪工委领导班子成员由深圳市委选任和管理，合作区统筹纳入深圳市国民经济和社会发展规划体系。合作区已事实上成为深圳市的 "第 11 区"，在不改变行政区划范围的前提下使深圳的市域面积（1996.85 平方公里）增加了近 1/4，拓展了特大城市发展的新思路。2018 年 12 月，中共深圳市深汕特别合作区工作委员会、深圳市深汕特别合作区管理委员会正式揭牌，标志着深汕特别合作区正式调整为深圳市委、市政府派出机构，以深圳市一个经济功能区的标准和要求，对深汕特别合作区进行顶层设计、资源配置、规划建设、管理运营，这一探索了十多年的区域协调发展模式进入了新的历史阶段（丁宏和汤晋，2019）。

深汕特别合作区在区域协调上的探索有以下几点意义：一是超越了以往的产业与园区合作模式。全国其他飞地更多的是指产业园区，多数是依托现有各类开发区建立 "园中园"，主要功能限于产业转移，园区面积普遍较小，而深汕合作区走的是一条升级赶超之路，要在一片工业化根本没有起步的荒芜之地，高标准建设一座中等规模的现代化国际性滨海智慧新城，从产业布局到社会治理的方方面面，都由深圳全面主导，开辟了打造中国飞地经济发展模式首创者、飞地治理模式首创者、飞地农村城市化实践首创者的先河。《深汕特别合作区总体规划（2017—2035）纲要》中更是提出以"世界眼光、国际标准、中国特色、高点定位"为指导思想，打造更加代表未来的美丽滨海新城，打造了"飞地经济"的升级版。二是创新管理运营及利益分配体制机制。区域协调一体化发展的主要障碍在于行政区划的束缚及利益分配机制的不平衡。从全国各地飞地模式园区或产业合作区来看，转移方和承接方的责权利不明晰，不同省份或城市之间的行政分割依然存在，影响着产业转移型园区的发展。如粤桂合作特别试验区在突破行政分割等体制机制创新上被赋予厚望，结果成立多年来至今未实现内部两个片区的同步规划、同步建设目标（皮晓明，2020），在行政审批、土地开发、财政税收以及管理权限等方面依旧不能进行统一管理（张家寿，2020）①。深汕特别合作区原来设想的是尝试由深圳和汕尾"齐抓共管"、双方并重的管理模式，但经过几年的探索，发现成效并不显著。广东省委、省政府决定在不改变深汕土地行政属地所有权的基础上，汕尾让渡管理权，交由深圳一方全权管理，从根本上解决了合作区发展面临的法制、体制等障碍，理顺了深圳对于合作区的支持投入和产业促进机制，为合作区的快速发展奠定了体制机制基础。

三、泛珠三角合作：以合作拓展腹地促进协调共赢发展

泛珠三角区域包括福建、江西、湖南、广东、广西、海南、四川、贵州、云南九省区（以下简称"内地九省区"）和香港特别行政区、澳门特别行政区（也称"9＋2"各方），拥有全国约 1/5 的国土面积、1/3 的人口和 1/3 以上的经济总量。在珠三角至粤港澳大湾区发展演进进程中，不断拓展的快速交通网络与内河航运线起到了串联各个中心城市的作用，随着既有规划布局不断落实，粤港澳大湾区在原来产业轴带与功能分区的基础上，不断沿主要交通线面向中南、西南地区等地的城市节点地区拓展辐

---

① 皮小明：《全面对接粤港澳大湾区，提升做实珠江—西江经济带》，张家涛，《推动粤桂合作特别试验区高质量发展的构想与对策》；选自袁珈玲等主编：《珠江—西江经济带发展报告（2019）》，社会科学文献出版社 2020 年版。

射范围。为适应经济全球化和区域经济一体化趋势、促进我国东中西部区域协调发展、推动内地与港澳更紧密合作、增强区域的整体实力与竞争力，2004 年 6 月，以珠江水系为纽带的"9＋2"各方，在中央的支持和指导下，遵循自愿参与、市场主导、开放公平、优势互补、互利共赢的原则，在广州共同签署了《泛珠三角区域合作框架协议》，正式启动泛珠三角区域合作。近年来，"9＋2"各方携手努力，推动合作领域逐步拓展，合作机制日益健全，合作水平不断提高，成功举办了多次泛珠三角区域合作与发展论坛暨经贸洽谈会和泛珠三角区域行政首长联席会议，合作成果十分丰硕。2016 年 3 月，国务院正式发布了《关于深化泛珠三角区域合作的指导意见》，从国家层面对泛珠三角的区域经济、统一市场建设、基础设施一体化、创新驱动、社会事业等领域的合作进行指导和支持。深化泛珠合作正式写入国家"十三五""十四五"规划，成为支持港澳更好融入国家发展大局，推进粤港澳世界级城市群建设，构建以粤港澳大湾区为龙头，以珠江—西江经济带为腹地，带动中南、西南地区发展，辐射东南亚、南亚的重要发展载体。

第五节　粤港澳大湾区世界级城市群建设的方向

城市群经济的一体化要求内部城市之间的经济流动，各城市只有在通力合作，形成本土利益最大化的激励下，才能形成城市群的整体共同利益。从这个角度出发，粤港之间的合作，需要发挥两地各自的优势，通过资源的不同流动错位发展，强化两地不同的分工与专业化，从而形成互补互利的经济关系。

一、依托内地与珠三角城市群发展能级提升香港世界城市地位

香港世界城市地位的形成起源于通道角色的扮演。新中国成立以后，由于遭受以美国为首的西方国家的封锁，中国的对外沟通与联系主要通过香港这一窗口。由于长期的封闭性政策，内地也缺乏像香港这样的国际化

城市，内地的对外尤其是对西方国家的经贸联系也只能通过香港这一渠道。这促使香港转口贸易的崛起，进而奠定了如今香港国际贸易中心、航运中心、金融和投资中心的地位。尽管中国的改革开放取得了巨大的进展，但在一些关键领域，如资本项目的开放，依然需要借助香港这一窗口来稳步地推进国内的经济和金融改革。通过扮演内部与外部"超级联系人"的角色，香港奠定了的世界城市地位。中国内地是支撑香港经济发展的主要动力。自20世纪80年代香港从制造业向服务业转型以来，中国内地经济的快速崛起促进了内地与香港物流（转口贸易）、资本流（双向投资、股权融资与人民币离岸金融中心等）和人流（自由行）及技术流（对内地的技术贸易）的快速提升，提升了香港作为全球城市的比较优势。香港未来的发展必须依托于内地经济的发展，尤其是需要珠三角地区的支持。

香港国际金融中心和航运中心地位需要内地尤其是珠三角地区的支撑。未来香港国际金融地位的维持，需要以内地的实体经济作为其服务对象，这主要包括：人民币离岸中心建设、资本市场融资、债券市场融资、内地中小企业融资、内地大中型企业走出去融资及相关中介服务。同时，香港的金融业需要拓展进入内地市场的广度与深度，为内地的实体经济转型发展提供服务。未来香港国际航运中心地位的提升，需要进一步提升其在船运交易与高端服务业上的发展水平，并在与航运相关的新型投融资业务、海运期货交易、海运商品对冲服务、国际航运基金投资服务等的国际航运服务项目人与新加坡、伦敦、纽约展开竞争，以提升其在国际航运高端服务环节的供给能力。由于香港作为中转港口主要依靠内地外贸进出口，尤其是珠三角外贸进出口流量带动其航运业发展，自身容量有限，且无实体产业与后续人才团队支撑，在航运中心的提档升级上需要内地尤其是珠三角地区的支持。

香港科技创新与其他世界城市的竞争需要内地实体经济的支撑。未来香港科技创新水平与中高端人才就业水平的提升，需要依托内地及周边进行发展，与新加坡制造业占GDP的20%比例相比，香港由于制造环节的不足，在推动科技创新的原动力上表现不佳，导致了香港众多大学毕业生实习就业难、科技创新成果缺乏必要的生产支持等多方面的问题，未来需要依托深圳及整个珠三角地区缓解其中高端技术研发人员与应届毕业生的就业、科技创新成果的转化问题。而珠三角地区作为中国乃至全球的制造基地，拥有强大的工业生产能力，在转型升级过程中对科技创新的市场需求较大。香港可以服务珠三角科技创新为导向，发挥自身的全球网络连接、服务中介完备和知识产权保护优势，发展科技研发产业，把科技创新、科技市场建设与珠三角企业的需求相连接，从而推进香港向全球创新型城市转变。

香港的控制和指挥功能的提升需要内地尤其是珠三角地区的支撑。虽然香港在世界城市体系中的位置较高，但与纽约不同。纽约跨国公司主要为本国跨国公司，以本国跨国公司总部为主的分工地位，使得纽约在世界城市中位于中心地位。而香港仅是一个通道型的世界城市，其主要作用是中国企业走向世界的前站和外部生产网络进入中国内地的一个试验场。从香港跨国公司总部来看，2014 年 6 月，香港共有 3784 家地区总部和地区办事处，约 80% 是负责在中国内地的业务。其中，美国设立的地区总部或地区办事处占 21%，其次是日本占 19%、英国占 9% 和中国内地占 7%。在香港的地区总部或地区办事处大部分属进出口贸易、批发及零售业（52%）。其他则是专业、商用和教育服务（18%），金融及银行业（12%），以及运输、仓库及速递服务业（7%）。在香港的总部企业或地区分支机构中，属于香港特区本土跨国公司和中国内地跨国公司指挥、控制类总部的数量比较少，研发环节也不足，导致香港无法成为与纽约、伦敦、东京并列的世界城市，其地位受制于上述国家跨国公司业务的开展。因此，未来香港地位的上升，一方面，需要香港与广深形成良好的分工，发挥全球自由港优势，巩固和提升国际金融、航运、贸易中心和国际航空枢纽地位，强化全球离岸人民币业务枢纽地位、国际资产管理中心及风险管理中心功能，推动金融、商贸、物流、专业服务等向高端高增值方向发展，大力发展创新及科技事业，培育新兴产业，建设亚太区国际法律及争议解决服务中心，打造更具竞争力的国际大都会。另一方面，香港需要依托珠三角地区，在香港之外谋求自身转型发展的机遇，在集聚跨国公司总部、本土研发机构上增强自身的实力，而这需要香港与珠三角城市群的深度合作，借助强大的腹地市场推进自身经济社会发展的转型。

二、借助大湾区城市群及其腹地推进广深专业化全球城市建设

早在 1949 年以前，珠三角就已经形成了以广州为中心的城市体系。广州作为广东省的行政中心和中国华南地区的重要港口已有 2000 多年的历史。改革开放以来，广州以工业品出口为导向逐渐地融入全球化进程之中开始成为汽车制造产业、电子信息产业和石化产业的制造中心。在融入全球化的进程中，广州的传统中国商贸中心功能也开始恢复，中国进出口商品交易会（广交会）成为中国最大的商品贸易展览会之一。作为珠三角城市群传统的行政、商贸、交通和科技中心，广州的产业正在由制造型向服务型转变。未来广州的发展，要适应经济全球化和区域经济一体化趋势的"跨界、协同、关联、融合"趋势，强化世界级城市群中心城市的服务功能，在推动珠三角城市群协同发展，使之功能互补共享、服务互换、产业关联、治理协同和交通一体化；创新发展城市群经济、"腹地经济""飞地经济"推进制造业服务化、服务业信息化、信息业门户化、产业金融化；要在距区域联合打造国际航运中心上取得突破，增强广州跨地域的高水平服务功能，提升枢纽中心交换功能，增强发展中心带动功能，筑牢服务中心支撑功能，以引领粤港澳大湾区世界级城市群的建设（平欣光，2015）。

深圳是中国改革开放以来设定的第一个经济特区。1979 年以来，深圳保持了年均 30% 的增速，在历经开放初期的以低成本为主的发展阶段以后，深圳已经转型为中国高端制造业出口、科技创新、金融创新和高新技术产业的中心城市。深圳拥有华为、中兴通讯、康佳、创维、TCL、腾讯、比亚迪等一批创新型企业，深圳的高新技术园区也是中国最为成功的高新技术产业园区和最强的区域创新载体。当前，高新技术产业与物流产业已经成为深圳的经济支柱。近年来，深圳拥有自主知识产权的高新技术产品产值占全部高新技术产品产值的比例都超过了 50%，并且呈上升趋势。深圳市发明专利授权量在全国各大城市中仅次于北京，深圳 PCT 国际专利申请量连续多年居全国各大中城市首位，在 5G 技术、基因测序分析、超材料、新能源汽车、3D 显示等领域核心技术自主创新能力位居世界前列。作为对外开放的窗口，深圳特区充分利用毗邻国际市场的区位优势和国家赋

予的特殊政策，深圳要继续在中国新一轮全方位开放格局的塑造中继续发挥开拓作用，尤其是在科技创新和科技金融方面，做一个以创新为主的专业化全球城市，同时发挥作为经济特区、全国性经济中心城市和国家创新型城市的引领作用，以壮大高新技术产业和增强科技创新功能为重点，积极发展适应珠三角转型升级需要的生产性服务业，尤其是科技金融与科技服务业，加快建成现代化国际化城市，努力成为具有世界影响力的创新创意之都，引领整个城市群科技创新水平的提升。

三、在区域竞合发展中提升粤港澳大湾区整体的全球竞争能力

随着港珠澳大桥、深中通道、深茂铁路等的建成通车，香港、澳门与珠三角各市之间的联系及珠江东西岸城市之间的联系将进一步密切，为香港、澳门在服务对接珠三角、泛珠三角对外开放中提升自身的功能创造更好的条件，借助珠三角与泛珠三角巨大的经济体量与流量，有利于进一步提升香港、澳门的综合服务能力，在深化粤港经贸合作的同时加强与广州、深圳这两个核心城市的合作。深中通道的规划建设，也将进一步拓展深圳对珠江西岸各市的影响力，在与珠江西岸各城市的竞合中进一步提升自身的辐射带动能力。而南沙新区作为自贸区，由于其空间范围较大，更容易促使广州依托传统优势在对外开放格局中提升自身的内外服务功能，营造区域竞争与合作的新优势。与此同时，深圳、香港、广州之间在海空港等基础设施上的建设，也有利于为城市间深度合作创造条件。

在竞争与合作中推动核心城市与功能性城市的能级。从粤港澳大湾区城市群金融业来看，香港的目标在于巩固和提升其国际金融中心，深圳致力于打造国际化金融创新中心，广州致力于打造国家绿色金融改革创新试验区，尽管其定位有所不同，但在为实体经济提供便利化与低成本的融资需求上，三个城市的金融服务业存在一定程度的竞争。而在跨境融资上，三个城市又具有合作的基础，香港需要广深的企业与平台，广深的企业融资需要香港较低的跨境融资成本。从科技服务业来看，广州的高校及研究机构较多，深圳的企业创新能力较强，而香港的科技基础设施发达，未来在吸引科技成果创新创业方面是三地的竞争与合作焦点。从制造业来看，

佛山、惠州、东莞、中山、江门、肇庆等城市充分发挥自身优势，深化改革创新，增强城市综合实力，形成特色鲜明、功能互补、具有竞争力的重要节点城市与专业化制造业基地。这些城市制造业的转型升级，离不开金融与科技的支持，谁能够率先利用好香港、深圳、广州、澳门等核心城市的资源，谁将率先得以持续转型升级。因此，大湾区内的城市只有通过持续的竞争与合作，才能够实现自身的创新发展和服务功能的提升。

在竞争与合作中完善社会主义市场经济体制。早期的城市竞争主要聚焦在通过较低的资源价格（如土地价格）和财政补贴、政策优惠所展开的招商引资之上。2008年金融危机以后，湾区内部的部分企业开始向生产要素更为低廉的区域转移，但随后不久很多转移出去的企业又开始回归，主要原因是湾区内各城市之间招商引资的竞争已经由最初的靠政策吸引的模式转换为靠营商环境吸引的模式。如深圳的法治政府、中国特色社会主义法治示范区建设，前海、南沙与横琴的自贸区负面清单制度与营商便利化建设，湾区内其他城市对先进经验的复制，佛山的商事制度改革、政府向社会放权、市级权力向基层下放等，正是在制度领域的竞争与合作，促进了粤港澳大湾区民营企业的发展，并激发了各类市场的活力，促使粤港澳大湾区形成了较国内其他地区领先的市场化水平。

在竞争与合作中推动区域协调发展格局的形成。限于地理区位、发展基础、发展政策等方面因素，在粤港澳大湾区内部及周边，区域发展并不平衡。欠发达地区的发展需要中心城市的引领带动，而中心城市服务能级的提升又需要腹地的拓展。腹地越大，则中心城市的竞争能力越强。强化与中心城市的互动合作与功能分工，促使大湾区形成差异化、能互补的分工格局。依托高铁、高速公路网络，逐步向华中地区、西南地区拓展经济腹地，将不同城市的优势联合起来，从而在世界城市体系范围内打造一个以国内需求为导向的国家价值链，形成以中国产业为主导的全球或区域分工体系。未来，深圳将着眼于自身能级的提升积极拓展与粤东、闽西、赣南的经贸合作；广州会进一步拓展对粤北、湘南、粤西、桂东的经贸合作；而对于周边城市，两市也会加大与惠州、东莞、中山、佛山等城市的经贸合作。一方面，将进一步推动区域之间的平衡发展；另一方面，也为自身的转型升级创造了条件。

在竞争与合作中推动全面开放新格局的形成。在区域对外开放中，存在香港与深圳前海自贸区、广州南沙自贸区、珠海横琴自贸区的竞争与合作。一方面，通过上述城市之间的竞争，促使各城市率先探索开放的新体制，尽快培育起能够有效服务区域经济发展的国际竞争新优势，并为整个区域的全方位开放提供可复制的经验；另一方面，通过城市的合作，推动自贸区之间在对外开放功能与试验领域的差异化发展，为提升整个区域的开放水平创造条件。

四、促进粤港澳大湾区湾区内部要素自由有序、便捷快速流动

粤港澳大湾区内部两种制度与三个关税区，既为粤港澳大湾区发展提供了国际化优势与特色化基础，同时也为粤港澳大湾区融合发展带来了较大的制度障碍。区域竞合背景下，港澳对大湾区的开放融合还存在一定的疑虑，担心失去自己既有的地位和空间。广深两市在经济发展中的地方保护、行政壁垒和无序竞争等非市场干扰因素也相对较多，社会的包容程度和市场的开放程度还有待进一步提高。因此，未来应积极争取国家赋予粤港澳大湾区更大的改革权限和给予更大的政策支持，主动创新粤港澳合作体制机制与政策保障，破解合作发展难题，为粤港澳大湾区合作发展提供有力的制度支撑。《粤港澳大湾区发展规划》提出"深化粤港澳合作，进一步优化珠三角九市投资和营商环境，提升大湾区市场一体化水平。加快推进深圳前海、广州南沙、珠海横琴等重大平台开发建设，充分发挥其在进一步深化改革、扩大开放、促进合作中的试验示范作用，拓展港澳发展空间，推动公共服务合作共享，引领带动粤港澳全面合作。"

打造具有全球竞争力的营商环境。发挥香港、澳门的开放平台与示范作用，支持珠三角九市加快建立与国际高标准投资和贸易规则相适应的制度规则，发挥市场在资源配置中的决定性作用，减少行政干预，加强市场综合监管，形成稳定、公平、透明、可预期的一流营商环境。加快转变政府职能，深化"放管服"改革，完善对外资实行准入前国民待遇加负面清单管理模式，深化商事制度改革，加强事中、事后监管。加强粤港澳司法交流与协作，推动建立共商、共建、共享的多元化纠纷解决机制，为粤港

澳大湾区建设提供优质、高效、便捷的司法服务和保障，着力打造法治化营商环境。完善国际商事纠纷解决机制，建设国际仲裁中心，支持粤港澳仲裁及调解机构交流合作，为粤港澳经济贸易提供仲裁及调解服务。

推进粤港澳投资便利化。落实内地与香港、澳门一系列协议，推动对港澳在金融、教育、法律及争议解决、航运、物流、铁路运输、电信、中医药、建筑及相关工程等领域实施特别开放措施，研究进一步取消或放宽对港澳投资者的资质要求、持股比例、行业准入等限制，在广东为港澳投资者和相关从业人员提供一站式服务，更好地落实CEPA框架下对港澳开放措施。提升投资便利化水平。在CEPA框架下研究推出进一步开放措施，使港澳专业人士与企业在内地更多领域从业投资营商享受国民待遇。

推动粤港澳贸易自由化。加快国际贸易单一窗口建设，推进口岸监管部门间信息互换、监管互认、执法互助。研究优化相关管理措施，进一步便利港澳企业拓展内地市场。落实内地与香港、澳门CEPA服务贸易协议，进一步减少限制条件，不断提升内地与港澳服务贸易自由化水平。有序推进制定与国际接轨的服务业标准化体系，促进粤港澳在与服务贸易相关的人才培养、资格互认、标准制定等方面加强合作。扩大内地与港澳专业资格互认范围，推动内地与港澳人员跨境便利执业。

促进粤港澳人员货物往来便利化。依托电子化、信息化等手段，不断提高港澳居民来往内地通行证使用便利化水平。简化人员流动签证安排，为符合条件的湾区赴港澳商务、科研、专业服务等人员办理更为便捷商务签注。

共建粤港澳合作发展平台。支持珠三角九市发挥各自优势，与港澳共建各类合作园区，拓展经济合作空间，实现互利共赢。加快推进深圳前海、广州南沙、珠海横琴等重大平台开发建设，充分发挥其在进一步深化改革、扩大开放、促进合作中的试验示范作用，拓展港澳发展空间，推动公共服务合作共享，引领带动粤港澳全面合作。同时也大力支持江门与港澳合作建设大广海湾经济区，东莞与香港合作开发建设东莞滨海湾地区。推进澳门和中山在经济、社会、文化等方面深度合作，支持佛山推动粤港澳高端服务合作，搭建粤港澳市场互联、人才信息技术等经济要素互通的桥梁，为支撑港澳转型发展创造新空间。

　　从粤港澳大湾区的发展历程来看，广东作为改革开放的前沿，率先与香港共同形成了"前店后厂"模式，依托香港较早地融入了全球化进程之中，并逐渐形成了以服务国外市场为主的外向型发展模式。2008 年全球金融危机爆发之后，珠三角经济发展模式由"外向型"向内生型发展模式转变，并逐渐成为我国的科技创新策源地。与珠三角开放水平上升相伴随的是珠三角城市对香港的依赖逐渐降低，香港、深圳、广州相互之间的竞争与合作日益紧密，向内地拓展经济腹地成为三大中心城市提升自身竞争能力的重要路径，粤港澳大湾区城市群的发展结构也由极点带动向多中心网络化转型，香港、澳门与珠三角的关系进一步密切，只有依托珠三角及内地，才能保障并提升香港的国际经济中心、航运中心、金融中心地位，珠三角依托香港、借鉴香港才能提升在全球市场中的竞争力。因此，以香港、澳门、广州和深圳为中心的粤港澳大湾区城市群，应持续支持香港依托珠三角城市群巩固提升世界城市地位，依托粤港澳及泛珠三角地区腹地推进广州、深圳专业化世界城市建设，推进佛山、东莞等世界级制造业基地建设，与香港、深圳、广州、澳门形成互补发展格局。未来，香港、澳门与珠三角地区要进一步打破制度壁垒，提升要素的跨区域流动水平，推动港澳更好融入国家发展大局。立足"双转移"战略与泛珠三角地区合作等，借鉴深汕特别合作区"飞地"发展模式，以合作促进区域协调共赢发展。

参 考 文 献

一、中文文献

[1] 安虎森等：《新经济地理学原理》，经济科学出版社 2009 年版。

[2] 巴曙松、杨现领：《城镇化大转型的金融视角》，厦门大学出版社 2013 年版。

[3] 彼得·霍尔、凯西·佩恩：《多中心大都市——来自欧洲巨型城市区域的经验》，罗震东等译，中国建筑工业出版社 2010 年版。

[4] 彼得·霍尔、考蒂·佩因：《从大都市到多中心都市》，罗震东、陈烨、阮梦乔译，载于《国际城市规划》2008 年第 23 卷，第 1 期。

[5] 蔡来兴等：《国际经济中心城市的崛起》，上海人民出版社 1995 年版。

[6] 曹锦清：《如何研究中国》，上海人民出版社 2018 年版。

[7] 陈斌开、林毅夫：《发展战略，城市化与中国城乡收入差距》，载于《中国社会科学》2013 年第 4 期。

[8] 陈秀山、张可云：《区域经济理论》，商务印书馆 2003 年版。

[9] 邓炜：《轮轴—辐条型自由贸易协定的产业区位效应——基于流动资本模型的分析》，载于《世界经济研究》2008 年第 2 期。

[10] 邓祎：《区域经济一体化的产业区位效应分析》，知识产权出版社 2012 年版。

[11] 丁宏、汤晋：《深汕特别合作区建设的经验和启示》，载于《群众》2019 年第 6 期。

[12] 段霞：《世界城市发展战略研究：以北京为例》，中国经济出版社 2013 年版。

[13] 樊杰：《城镇化为何以城市群为主体形态》，载于《人民日报》2014 年 3 月 19 日。

[14] 樊敏、洪芸：《城市空间体系理论研究综述》，载于《云南财贸学院学报》2007 年第 2 期。

[15] 范逢春：《全球治理、国家治理与地方治理：三重视野的互动、耦合与前瞻》，载于《上海行政学院学报》，2014 年 7 月第 15 卷，第 4 期。

[16] 范逢春：《全球治理、国家治理与地方治理：三重视野的互动、耦合与前瞻》，载于《上海行政学院学报》2014 年第 7 期。

[17] 范云芳：《国际要素集聚论》，中国社会科学出版社 2014 年版。

[18] 方创琳：《中国城市群研究取得的重要进展与未来发展方向》，载于《地理学报》2014 年第 8 期。

[19] 方创琳、姚士谋、刘盛和等：《中国城市群发展报告（2010）》，科学出版社 2011 年版。

[20] 费孝通：《小城镇在四化建设中的地位和作用》，载于《江苏社科联通讯》1982 年 12 期。

[21] 封小云：《粤港澳经济合作走势的现实思考》，载于《港澳研究》2014 年第 4 期。

[22] 付清松：《不平衡发展——从马克思到尼尔·斯密斯》，人民出版社 2015 年版。

[23] 高国力等：《"十三五"时期上海在长江经济带中的地位和作用》（报告）。

[24] 顾朝林：《城市群研究与展望》，载于《地理研究》2011 年 5 月。

[25] 顾朝林：《巨型城市区域研究的沿革和新进展》，载于《城市问题》2009 年第 8 期。

[26] 国世平等：《粤港澳大湾区规划和全球定位》，广东人民出版社 2018 年版。

[27] 何传启：《东方复兴：现代化的三条道路》，商务印书馆 2003 年版，第 7 页。

[28] 胡彬：《长三角城市群：网络化组织的多重动因与治理模式》，上海财经大学出版社 2011 年版。

[29] 黄建忠、庄惠明：《全球化与区域集团化互动效应的实证检验》，

载于《国际贸易问题》2007 年第 3 期。

［30］黄征学：《城市群：理论与实践》，经济科学出版社 2014 年版。

［31］吉尔伯特·罗兹曼：《中国的现代化》，国家社会科学基金"比较现代化"课题组译，凤凰出版传媒集团、江苏人民出版社 1982 年版。

［32］吉尔伯特·罗兹曼：《中国的现代化》，江苏人民出版社 2010 年版，第 3 页。

［33］计小青：《基于条件分析的上海国际航运中心建设对策研究》，载于《科学发展》2011 年第 9 期。

［34］简博秀：《全球化观点的中国都市与区域研究》，载于《地理学报》2004 年 59（增刊），第 93～100 页。

［35］《京津冀协同发展领导小组办公室负责人就京津冀协同发展有关问题答记者问》，载于《人民日报》2015 年 8 月 24 日。

［36］凯利·布朗：《上海 2020——西方学者观照中的上海与中国》，外文出版社 2014 年版。

［37］冷炳荣、杨永春、谭一洺：《城市网络研究：由等级到网络》，载于《国际城市规划》2014 年第 2 期。

［38］李健：《全球生产网络与大都市区生产空间组织》，科学出版社 2011 年版。

［39］李健：《世界城市研究的转型、反思与上海建设世界城市的探讨》，载于《城市规划学刊》2011 年 5 月。

［40］李少星、顾朝林：《全球化与国家城市区域空间重构》，东南大学出版社 2011 年版。

［41］李文丽：《论彼得·霍尔的世界城市理论》，上海师范大学硕士学位论文，2014 年。

［42］李仙德：《城市网络结构与演变》，科学出版社 2015 年版。

［43］李学鑫：《分工、专业与城市群经济》，科学出版社 2011 年版。

［44］联合国贸易和发展组织：《价值链：促进发展的投资与贸易（2013 年世界投资报告）》，经济管理出版社 2013 年版。

［45］梁波、杨艳文：《国家建设北京下的城市化战略：中美两国的经验》，广西师范大学出版社 2014 年版。

［46］梁琦：《空间经济：集聚、贸易与产业地理》，科学出版社 2014 年版。

［47］梁琦、黄利春：《要素集聚的产业地理效应》，载于《广东社会科学》2014 年第 7 期。

［48］梁柱：《中国地区差距与对外开放战略》，社会科学文献出版社 2014 年版。

［49］林先扬、陈忠暖：《珠江三角洲城市群经济整合模式及策略研究》，载于《经济前沿》2003 年第 3 期。

［50］林先扬、陈忠暖、蔡国田：《国内外城市群研究的回顾与展望》，载于《热带地理》2003 年第 3 期。

［51］刘君德：《中国区域经济的新视角——行政区经济》，载于《改革与战略》1996 年第 5 期。

［52］刘君德、靳润成、周克榆：《中国政区地理》，科学出版社 1999 年版。

［53］刘乃全等：《空间集聚论》，上海财经大学出版社 2012 年版。

［54］刘士林：《城市群理论半个世纪的风雨历程》，载于《光明日报》2010 年 7 月 21 日。

［55］刘小康：《行政区经济概念再探讨》，载于《中国行政管理》2010 年第 3 期。

［56］刘欣葵：《首都体制下的北京规划建设管理》，中国建筑工业出版社 2009 年版。

［57］刘雅媛、张学良：《"长江三角洲"概念的演化与泛化——基于近代以来区域经济格局的研究》，载于《财经研究》2020 年第 4 期。

［58］刘志彪：《基于内需的经济全球化：中国分享第二波全球化红利的战略选择》，载于《南京大学学报》（哲学·人文科学·社会科学版）2012 年第 3 期。

［59］刘志彪：《战略理念与实现机制：中国的第二波经济全球化》，载于《学术月刊》2013 年第 1 期。

［60］刘志彪：《重构国家价值链：转变中国制造业发展方式的思考》，载于《世界经济与政治论坛》2011 年第 7 期。

［61］刘志彪、郑江淮：《价值链上的中国：长三角选择性开放新战略》，中国人民大学出版社 2012 年版。

［62］刘治彦、董宪军：《世界城市的建设经验与北京发展策略》，载于《企业经济》2010 年 10 期。

［63］吕拉昌、黄茹：《新中国成立后北京城市形态与功能演变》，华南理工大学出版社 2016 年版。

［64］栾峰：《城市经济学》，中国建筑工业出版社 2012 年版。

［65］罗荣渠主编：《从"西化"到现代化：五四以来有关中国的文化趋向和发展道路论争文选》，黄山书社 2008 年版，第 1、16 页。

［66］罗守贵、李文强：《都市圈内部城市间的互动与产业发展——以上海都市圈为例》，格致出版社、上海人民出版社 2012 年版。

［67］罗震东、陈烨、阮梦乔：《从大都市到多中心都市》，载于《国际城市规划》2008 年第 1 期。

［68］马莉莉：《世界城市：全球分工视角的发展与香港的选择》，商务印书馆 2014 年版。

［69］马荣华、顾朝林等：《苏南沿江城镇扩展的空间模式及其测度》，载于《地理学报》2007 年第 10 期。

［70］迈克尔·赫德森：《美国金融霸权的来源和基础》，中央编译出版社 2008 年版。

［71］宁越敏：《中外城市群发展趋势及对区域的引领作用》，载于《上海城市管理职业技术学院学报》2007 年第 1 期。

［72］宁越敏、石崧：《从劳动空间分工到大都市区空间组织》，科学出版社 2011 年版。

［73］潘英丽、苏立峰、于同江等：《国际金融中心：历史经验与未来中国》，格致出版社、上海人民出版社 2009 年版。

［74］庞静：《城市群形成与发展机制研究》，中国财政经济出版社 2009 年版。

［75］庞明川：《中国企业对发达国家的逆向投资：进入障碍与策略》，载于《财经问题研究》2011 年第 11 期。

［76］彭翀、顾朝林：《城市化进程下中国城市群空间运行及其机理》，

东南大学出版社 2011 年版。

[77] 平欣光：《把广州建成"世界城市群核心城市"》，载于《人民政协报》2015 年 12 月 1 日。

[78] 钱学锋：《国际贸易与产业集聚的互动机制研究》，格致出版社、上海三联出版社、上海人民出版社 2010 年版。

[79] 钱学锋、梁琦：《测度中国与 G-7 的双边贸易成本——一个改进引力模型方法的应用》，载于《数量经济技术经济研究》2008 年第 2 期。

[80] 秦贤宏：《飞地经济与共建园区——苏沪合作试验区规划前期研究》，科学出版社 2017 年版。

[81] 秦尊文：《第四增长极：崛起的长江中游城市群》，社会科学文献出版社 2012 年版。

[82] 任远、陈向明：《全球城市—区域的时代》，复旦大学出版社 2009 年版。

[83] 申现杰：《京津冀地方政府竞争与治理研究》，首都经济贸易大学硕士学位论文，2011 年。

[84] 申现杰、肖金成：《国际区域经济合作新形势与我国"一带一路"合作战略》，载于《宏观经济研究》2014 年第 11 期。

[85] 申现杰、袁朱：《城市群高质量发展的理论逻辑与路径选择》，载于《开放导报》2021 年第 4 期。

[86] 沈金箴、周一星：《世界城市的涵义及其对中国城市发展的启示》，载于《城市问题》2003 年第 3 期。

[87] 世界银行：《2009 年世界发展报告：重塑世界经济地理》，清华大学出版社 2009 年版。

[88] 丝奇雅·沙森：《全球城市：纽约、伦敦、东京》，上海社科院出版社 2005 年版。

[89] 苏雪串：《城市群：形成机理、发展态势及中国特点分析》，载于《经济与管理评论》2012 年第 3 期。

[90] 孙喜：《制造业与产业升级》，引自汪辉、王湘穗、曹锦清等编著：《新周期：逆全球化、智能浪潮与大流动时代》，辽宁人民出版社 2017 年版。

［91］唐茂华：《试论我国城市圈域经济发展中的政府职能》，载于《中共福建省委党校学报》2006 年第 6 期。

［92］仝德、戴筱颖、李贵才：《打造全球城市——区域的国际经验与借鉴》，载于《国际城市规划》2014 年第 2 期。

［93］汪阳红、张燕：《深化对城市群认识的若干问题研究》，载于《中国物价》2014 年第 7 期。

［94］王新新：《北京建设中国特色世界城市的路径选择》，载于《城市问题》2012 年第 2 期。

［95］王志平：《上海迈向国际经济中心城市》，上海人民出版社 2007 年版。

［96］魏后凯：《大都市区新型产业分工与冲突管理——基于产业链分工的视角》，载于《中国工业经济》2007 年第 2 期。

［97］文魁、祝尔娟：《城市群空间优化与质量提升（京津冀发展报告 2014）》，社会科学文献出版社 2014 年版。

［98］文一：《伟大的中国工业革命》，清华大学出版社 2016 年版。

［99］我国大城市连绵区的规划与建设问题研究项目组：《中国大城市连绵区的规划与建设》，中国建筑工业出版社 2014 年版。

［100］邬丽萍：《城市群形成演化机理与发展战略：基于集聚经济三维框架的研究》，中国社会科学出版社 2012 年版。

［101］吴承明：《中国的现代化：市场与社会》，三联书店 2001 年版。

［102］吴松弟：《港口—腹地与中国现代化空间进程》，载于《河北学刊》2004 年第 3 期。

［103］武前波：《企业空间组织与城市区域发展》，科学出版社 2011 年版。

［104］肖金成、袁朱等：《中国十大城市群》，经济科学出版社 2009 年版。

［105］肖金成、申现杰：《竞争中发展的粤港澳大湾区》，载于《中国投资》2017 年第 23 期。

［106］肖金成、申现杰：《中国现代化新征程与"十四五"区域空间发展方向》，载于《河北经贸大学学报》2021 年第 3 期。

[107] 肖金成、申现杰、马燕坤：《京津冀城市群与世界级城市群比较》，载于《中国经济报告》2017 年第 11 期。

[108] 谢利：《上海大步迈向世界一流国际金融中心目标》，载于《金融时报》2012 年 1 月 31 日。

[109] 薛凤旋、刘欣葵：《北京：由传统国都到中国式世界城市》，社会科学文献出版社 2014 年版。

[110] 杨丹辉：《全球竞争格局变化与中国产业转型升级——基于新型国际分工的视角》，载于《国际贸易》2011 年第 11 期。

[111] 杨建军、蒋迪刚、饶传坤、郑碧云：《世界级城市群发展动向与规划动向探析》，载于《上海城市规划》2014 年第 1 期。

[112] 杨宇振：《资本空间化：资本积累、城镇化与空间生产》，东南大学出版社 2016 年版。

[113] 杨再高：《大珠三角区域经济一体化研究——基于空间均衡视角》，经济科学出版社 2015 年版。

[114] 姚士谋等：《中国城市群》，中国科学技术大学出版社 2006 年版。

[115] 姚世谋等：《中国城市群新论》，科学出版社 2016 年版。

[116] 游碧蓉：《透视国际金融中心的百年变迁》，载于《亚太经济》2001 年第 2 期。

[117] 于立、周长林：《走向可持续发展的英格兰东南部地区》，载于《国际城市规划》2007 年第 10 期。

[118] 余丹林、魏也华：《国际城市、国际城市区域以及国际化城市研究》，载于《国外城市规划》2003 年第 2 期。

[119] 余秀荣：《国际金融中心历史变迁与功能演进研究》，中国金融出版社 2011 年版。

[120] 俞正梁：《国家在全球化中的位置》，载于《山西大学学报》2002 年第 5 期。

[121] 曾宪植：《世界城市与全球城市区域：北京世界城市的区域经济合作》，知识产权出版社 2012 年版，第 145 页。

[122] 张闿：《从层级到网络：城市间关系研究的演进》，载于《财经

问题研究》2009 年第 3 期。

[123] 张帆：《产业漂移：世界制造业和中心市场的地理大迁移》，北京大学出版社 2014 年版。

[124] 张贵、刘雪芹等：《河北经济地理》，经济管理出版社 2017 年版。

[125] 张泓铭、尤安山等：《走向上海国际贸易中心：从纽约、东京、新加坡、香港到上海》，上海社科院出版社 2011 年版。

[126] 张辉：《全球价值链下地方产业集群转型和升级》，经济科学出版社 2006 年版。

[127] 张杰、刘志彪：《全球化背景下国家价值链的构建与中国企业升级》，载于《经济与管理》2009 年第 2 期。

[128] 张杰、刘志彪：《需求因素与全球价值链形成——兼论发展中国家的"结构封锁型"障碍与突破》，载于《财贸研究》2007 年第 6 期。

[129] 张学良等：《2013 中国区域经济发展报告——中国城市群的崛起与协调发展》，人民出版社 2013 年版。

[130] 张燕生：《经济全球化前景与中国抉择》，载于《宏观经济研究》2014 年第 12 期。

[131] 张燕生：《新时期上海经济国际化重点和方向》，载于《中国贸易报》2013 年第 8 期。

[132] 赵德馨：《中国近现代经济史》，厦门大学出版社 2017 年版。

[133] 赵弘：《总部经济新论：城市转型升级的新动力》，东南大学出版社 2014 年版。

[134] 赵弘、张静华：《以总部经济模式推动沿海地区制造业转型升级研究》，载于《宁波大学学报（人文科学版)》2012 年第 1 期。

[135] 赵晋平等：《中国发展对世界经济的影响》，载于《管理世界》2014 年第 10 期。

[136] 赵燕菁：《当前我国城市发展的形势与判断》，载于《城市规划》2002 年第 3 期。

[137] 赵勇：《区一体化视角下的城市群形成机理研究》，西北大学博士学位论文，2009 年。

［138］郑磊：《国际比较下的人民币国际化进程》，载于《中国市场》2012 年第 1 期。

［139］中国政府网：《经济新常态"趋势变化之六：地方竞争"让位"全国市场统一》。

［140］周江评、姚恩建、卓健、高松涛、陈雪明：《国际大城市带综合交通体系研究》，中国建筑工业出版社 2013 年版。

［141］周牧之：《鼎—托起中国的大城市群》，世界知识出版社 2004 年版。

［142］周振华：《全球城市区域：我国国际大都市的生长空间》，载于《开放导报》2006 年 10 月。

［143］周振华：《上海迈向全球城市战略与行动》，上海世纪出版集团 2012 年版。

［144］卓贤、贾坤、施成杰：《协同发展中的京津冀地区功能定位研究》，选自侯永志等著《区域协同发展：机制与政策》，中国发展出版社 2016 年版。

［145］宗跃光：《大都市空间扩展的周期性特征——以美国华盛顿—巴尔的摩地区为例》，载于《地理学报》2005 年第 3 期。

二、外文文献

［1］A Kerem Cosar, Pablo Fajgelbaum, "Internal Geography, International Trade and Regional Specialization", NBER Working Paper No. 19697, Issued in December 2013.

［2］Ades, A F, and E L Glaeser, "Trade and Circuses: Explaining Urban Giants", *Quarterly Journal of Economics*, 1995, 110（1）: 195 – 227.

［3］Allen J Scott, *Global City-Regions*, Oxford University Press, 2001.

［4］Allen J Scott, "Global City-Regions and the New World System".

［5］Alonso W, "Urban Zero Population Growth", *Daedalus*, 1973（102）: 191 – 206.

［6］Amiti, M, "Location of Vertically Linked Industries: Agglomeration versus Comparative Advantage", *European Economic Review*, 2005（49）: 809 – 832.

［7］Ayele Gelan, "Trade Policy and City Primacy in Developing Countries", RURDS Vol. 20, No. 3, November 2008 doi: 10. 1111/j. 1467 – 940X. 2008. 00148. x.

［8］Baldwin, Richard and Okubo, Toshihiro, "Heterogeneous Firms, Agglomeration and Economic Geography: Selection and Sorting," CEPR Discussion Papers 4602, C. E. P. R. Discussion Papers, 2004.

［9］Behrens, K, C Gaigne, G I P Ottaviano, and J F Thisse, "Countries, Regions and Trade: On the Welfare Impacts of Economic Integration", *European Economic Review*, 2007, 51 (5): 1277 – 1301.

［10］Boris A Portnov, Moshe Schwartz, "Urban Clusters As Growth Forci", *Journal of Regional Science*, 2009, 49 (2): 287 – 310.

［11］Brad McDearman, Greg Clark. The 10 Traits of Globally Fluent Metro Areas.

［12］Bruelhart, M, M Crozet, and P Koenig, "Enlargement and the EU Periphery: The Impact of Changing Market Potential", *World Economy*, 2004, 27 (6): 853 – 875.

［13］C Parnreiter, "Global Cities in Global Commodity Chains: Exploring the Role of Mexico City in the Geography of Global Economic Governance", 2010, 10 (1): 35 – 53, DOI: 10. 1111/j. 1471 – 0374. 2010. 00273. x.

［14］Castells, M. *The Rise of the Network Society* (2nd ed.), New York: Blackwell, 2000.

［15］Castells, M and Hall, P, *Technopoles of the World: The Making of 21st Century Industrial Complexes*, London: Routledge, 1994.

［16］Caves, R, *Creative Industries: Contracts between Art and Commerce*, Cambridge, MA: Harvard University Press, 2000.

［17］Cem Karayalcin and Hakan Yilmazkuday, "Trade and Cities", Policy Research Working Paper, 6913.

［18］Crozet, M and P Koenig, "EU Enlargement and the Internal Geography of Countries", *Journal of Comparative Economics*, 2004, 32 (2): 265 – 278.

［19］Daria Zvirgzde, Daniel Schiller and Javier Revilla Diez, "Location

Choices of Multinational Companies in Transition Economies: A Literature Review", wp2/05 Search Working Paper, January 2013.

[20] Davis, J and J V Henderson. "Evidence on the Political Economy of the Urbanization Process", *Journal of Urban Economics*, 2003, 53 (1): 98 – 125.

[21] Elizabeth Currid, "New York as A Global Creative Hub: A Competitive Analysis of Four Theorieson World Cities", *Economic Development Quarterly*, 2006, 20: 330.

[22] Florida, R, *The Rise of the Creative Class: And How It's Transforming Work, Leisure, Community and Everyday Life*, New York: Perseus Book Group, 2002.

[23] Forslid R, "Regional Policy, Integration and the Location of Industry in a Multiregion Framework", Cepr Discussion Papers, 2004.

[24] Forslid, Rikard and Wooton, Ian, "Comparative Advantage and the Location of Production", CEPR Discussion Papers 2118, C. E. P. R. Discussion Papers, 1999.

[25] Friedmann, J, "The World City Hypothesis", In P. L. Knox and P. J. Taylor (Eds.), *World Cities in a World System*, Cambridge, UK: Cambridge University Press, 1995.

[26] G Duranton, D Puga, "Micro-foundations of Urban Agglomeration Economies", *Handbook of Regional & Urban Economics*, 2004, 4 (4): 2063 – 2117.

[27] Glaeser, E L, "Urban Colossus: Why is New York America's Largest City?" (Discussion paper No. 2073), Boston: Harvard Institute of Economic Research, 2005.

[28] Greater London Authority City Hall, Growing Together II: London and the UK Economy, Greater London Authority September 2014.

[29] Heidi Hanssens , Ben Derudder , Stefan Van Aelst and Frank Witlox (2013): Assessing the Functional Polycentricity of the Mega-City-Region of Central Belgium Based on Advanced Producer Service Transaction Links, Regional

Studies, DOI: 10. 1080/00343404. 2012. 759650.

[30] Henderson, J V and R Becker, "Political Economy of City Sizes and Formation", *Journal of Urban Economics*, 2000, 48 (3): 453 – 484.

[31] Henderson, J V, "The Urbanization Process and Economic Growth: The So-What Question", *Journal of Economic Growth*, 2003, 8 (1): 47 – 71.

[32] Ilya Chubarov, Daniel Brooker, "Multiple Pathways to Global City Formation: A Functional Approach and Review of Recent Evidence in China", *Cities*, 2013 (35): 181 – 189.

[33] J Harrison and M Hoyler, *Megaregions: Globalization's New Urban Form?* Cheltenham, UK and Northampton, MA, USA: Edward Elgar, 2015: 1 – 28.

[34] Jean Gottman, "Megalopolitan Systems around the World", Ekistics 243, February 1976.

[35] Jean Gottmann, "Megalopolis or the Urbanization of the Northeastern Seaboard", *Economic Geography*, 1957, 33 (3): 189 – 200.

[36] John Friedmann, *The World City Hypothesis*, *DevelopmenturrdChurtae*, SAGE, London, Beverly Hills and New Delhi, 1986 (17): 69 – 83.

[37] Kathy Pain, "Examining 'Core-Periphery' Relationships in A Global City-Region: The Case of Londonand South East England", *Regional Studies*, 2008, 42 (8): 1161 – 1172.

[38] Knox, Paul L Taylor, Peter J, *World Cities in a World-System*, Cambridge University Press, 1995.

[39] Kristian Behrens, Carl Gaigne', Gianmarco I P Ottaviano, Jacques-Franc-ois Thisse, "Countries, Regions and Trade: On the Welfare Impacts of Economic Integration", *European Economic Review*, 2007 (51): 1277 – 1301.

[40] Kristian Behrens, Gianmarco I P Ottaviano and Giordano MION, "Industry Reallocations in a Globalizing Economy", Nber Core Discussion Paper, February 2007.

[41] Krugman, P, and R Livas Elizondo, "Trade Policy and the Third World Metropolis", *Journal of Development Economics*, 1996, 49 (1): 137 – 150.

[42] Krugman, P, "Increasing Returns and Economic Geography", *Jour-

nal of Political Economy, 1991, 99 (3): 483 – 499.

[43] Krugman, P, "Scale Economies, Product Differentiation, and the Pattern of Trade", *America Economic Review*, 1980 (70): 950 – 959.

[44] Lise Bourdeau-Lepage, Jean-Mzrie Huriot, "The Metropolis in Retrospect: From the Trading Metropolis to the Global Metropolis", *Recherches Economiques de Louvain-louvain Economic Review*, 2005, 71 (3).

[45] Mansori, K S, "The Geographic Effects of Trade Liberalization with Increasing Returns in Transportation", *Journal of Regional Science*, 2003, 43 (2): 249 – 268.

[46] Meijers, E J, Burger, M J and Hoogerbrugge, M M, "Borrowing Size in Networks of Cities: City Size, Network Connectivity and Metropolitan Functions in Europe", Papers in Regional Science, 2015.

[47] Melitz, M, "The Impact of Trade on Intraindustry Reallocations and Aggregate Industry Productivity", *Econometrica*, 2003 (71): 1695 – 1725.

[48] Monfort, P and R Nicolini, "Regional Convergence and International Integration", *Journal of Urban Economics*, 2000, 48 (2): 286 – 306.

[49] Neil Brenner, "Global Cities, Glocal States: Global City Formation and State Territorial Restructuring in Contemporary Europe", *Review of International Political Economy*, 1998, 5 (1): 1 – 37.

[50] Olga Alonso-Villar, "Large Metropolises in the Third World: An Explanation", *Urban Studies*, 2001, 38 (8): 1359 – 1371.

[51] Paluzie, E, "Trade Policies and Regional Inequalities", *Papers in Regional Science*, 2001, 80 (1): 67 – 85.

[52] Pasquale Commendatore, Ingrid Kubin, Carmelo Petraglia, Iryna Sushko, "Economic Integration and Agglomeration in a Customs Union in the Presence of an Outside Region", Department of Economics Working Paper, No. 146, October 2012.

[53] Pasquale Commendatore, Ingrid Kubin, Carmelo Petraglia, Iryna Sushko, "Regional Integration, International Liberalizationand the Dynamics of Industrial Agglomeration", Department of Economics Working Paper, No. 164,

January 2014.

[54] Peter Hall, *The World Cities*, McGraw-Hill Book Company, 1979.

[55] Philip Mc Cann and Zoltan J Acs, "Globalization: Countries, Cities and Multinationals", *Regional Studies*, 2011, 45 (1): 17 – 32.

[56] Quah, D, "The Global Economy's Shifting Centre of Gravity", *Global Policy*, 2011 (2): 3.

[57] Raj Nallari, Breda Griffith and Shahid Yusuf, "Geography of Growth: Spatial Economics and Competitiveness", The World Bank, 2012.

[58] Rauch, J E, "Comparative Advantage, Geographic Advantage and the Volume of Trade", *Economic Journal*, 1991, 101 (408): 1230 – 1244.

[59] Regional Plan Association, "America 2050: A Prospectus", 2006.

[60] Richard Baldwin, Rikard Forslid, Philippe Martin, Gianmarco Ottaviano and Frederic Robert-Nicoud, *Economic Geography and Pubic Policy*, Princeton University Press, 2003.

[61] Richard Baldwin, Toshihiro Okubo, "Heterogeneous Firms, Agglomeration and Economic Geography: Spatial Selection and Sorting", NBER-Working Paper 11650, 2005.

[62] Rikard Forslid , Jan I Haaland , Karen Helene Midelfart Knarvik. "A U-shaped Europe? A Simulation Study of Industrial Location", *Journal of International Economics*, 2002 (57): 273 – 297.

[63] Rikard Forslid, "Regional Policy, Intergration and the Location of Industry in a Multiregion Franmework", Cepr Discussion Papers, 2004.

[64] Ronald K Vogel, H V Savitch, "Governing Global City Regions in China and the West", *Progress in Planning*, 2010 (73): 1 – 75.

[65] Saskia Sassen, "Megregions: Benefits Beyond Sharing Trains and Parking Lots?", http: //www. america 2050. org/upload/2011/12/Economic Geography of Megaregions 2007. pdf.

[66] Sassen, S, *Cities in a World Economy*, Pine Forge Press, 2000.

[67] Sassen, S, *The Global City: New York, London, Tokyo*, Princeton University Press, 1991.

［68］ Saxenian, A, *Regional Advantage: Culture and Competition in Silicon Valley and Route* 128, Harvard University Press, 1994.

［69］ Taylor, P J, *World City Network: A Global Urban Analysis*, Routledge, 2004.

［70］ Toulemonde, E, "Does Production Fall in a Small Country When Trade Costs Decrease? Home Market Effect in the Face of Multinationals", http://www.etsgo.org/ETSG2OO5/papers/toulemonde.pdf, 2005.

［71］ T. Okubo P M Picardyz, "Firms Location Under Taste and Demand Heterogeneity", *CORE Discussion Papers*, 2008.

［72］ Z Wang and X P Zheng, "Developments of New Economic Geography: From Symmetry to Asymmetry", *The Ritumeikan Economic Review*, 2013, 61 (2): 248 –266.

图书在版编目（CIP）数据

引领经济现代化的中国世界级城市群/申现杰著.
—北京：经济科学出版社，2021.9
ISBN 978 - 7 - 5218 - 2944 - 0

Ⅰ.①引… Ⅱ.①申… Ⅲ.①城市群 - 经济发展 -
研究 - 中国 Ⅳ.①F299.21

中国版本图书馆 CIP 数据核字（2021）第 201905 号

责任编辑：初少磊 杨 梅
责任校对：王苗苗
责任印制：范 艳

引领经济现代化的中国世界级城市群

申现杰 著

经济科学出版社出版、发行 新华书店经销
社址：北京市海淀区阜成路甲 28 号 邮编：100142
总编部电话：010 - 88191217 发行部电话：010 - 88191540
网址：www.esp.com.cn
电子邮箱：esp@ esp.com.cn
天猫网店：经济科学出版社旗舰店
网址：http://jjkxcbs.tmall.com
北京季蜂印刷有限公司印装
710×1000 16 开 12.5 印张 200000 字
2021 年 10 月第 1 版 2021 年 10 月第 1 次印刷
ISBN 978 - 7 - 5218 - 2944 - 0 定价：52.00 元
（图书出现印装问题，本社负责调换。电话：**010 - 88191510**）